国家出版基金资助项目

中宣部 2018 年主题出版重点出版物

"中华民族伟大复兴中国梦"系列丛书

U0782907

ZHONGGUO TESE SHEHUI ZHUYI DE JIBEN NEIHAN

中国特色社会主义的基本内涵

丛书主编：郑德荣　李　蓉　孔德生

孔德生　李忠东　白梓煜／著

吉林出版集团股份有限公司

全国百佳图书出版单位

图书在版编目（CIP）数据

中国特色社会主义的基本内涵 / 孔德生，李忠东，白梓煜著. -- 长春：吉林出版集团股份有限公司，2018.12（2025.1重印）
（中华民族伟大复兴中国梦系列丛书 / 郑德荣，李蓉，孔德生主编）

ISBN 978-7-5581-6060-8

Ⅰ.①中… Ⅱ.①孔… ②李… ③白… Ⅲ.①中国特色社会主义—研究 Ⅳ.①D616

中国版本图书馆CIP数据核字（2018）第296244号

中国特色社会主义的基本内涵
ZHONGGUO TESE SHEHUI ZHUYI DE JIBEN NEIHAN

总 策 划：姚玉和　杨学忠
策　　　划：周海英　耿 宏　刘文辉
丛书主编：郑德荣　李 蓉　孔德生
本册著者：孔德生　李忠东　白梓煜
责任编辑：宫志伟　杨亚仙
责任校对：崔博华　矫黎晗　金 昊
装帧设计：长春金鼎设计印务有限公司
技术编辑：傅广岩　张 帅　刘美丽　李 鑫
出　　　版：吉林出版集团股份有限公司
发　　　行：吉林出版集团社科图书有限公司
电　　　话：0431-81629725
印　　　刷：唐山楠萍印务有限公司
开　　　本：710mm×1000mm 1/16
字　　　数：200千字
印　　　张：15
版　　　次：2018年12月第1版
印　　　次：2025年1月第4次印刷
书　　　号：ISBN 978-7-5581-6060-8
定　　　价：35.00元

目 录

引 言

在党的十九大报告中，习近平总书记全面总结了我国在各个方面所取得的历史性成就，并庄严地宣布"经过长期努力，中国特色社会主义进入了新时代，这是我国发展新的历史方位"。回顾改革开放的40年，我们何以取得如此辉煌的成就？最为根本的原因就是我们党紧紧依靠人民，结合时代特征，不断将马克思主义的基本原理同中国改革开放的具体实践相结合，不断推进中国特色社会主义的理论创新和实践创新，拓展了中国特色社会主义道路，丰富了中国特色社会主义理论体系，完善了中国特色社会主义制度，发展了中国特色社会主义文化，从根本上改变了中国人民和中华民族的前途命运。正如党的十九大报告所讲的："今天，我们比历史上任何时期都更接近、更有信心和能力实现中华民族伟大复兴的目标。"

中国特色社会主义是一代又一代中国共产党人持续接力探索、丰富、完善的结果，是改革开放以来我党全部理论和实践创新的主题。40年来，其内涵不断丰富，从中国特色社会主义道路到中国特色社会主义理论体系，再到中国特色社会主义制度，再到中国特色社会主义文化；基本领域不断拓展，从社会主义市场经济、社会主义民主政治、社会主义先进文化到社会主义和谐社会，再到社会主义生态文明；社会主义现代化的基本形态也在不断丰富，从传统的四个现代化（工业现代化、农业现代化、国防现代化、科技现代化）到今天的国家治理体系和治理能力现代化；总体布局也经历了"两个文明两手抓""三个文明协调发展""四位一体""五位一体"等不同内涵的历史时期。

中国特色社会主义进入新时代后，我们到底要坚持和发展什么样的中国特色社会主义、怎样坚持和发展中国特色社会主义？这是我们必须面对和回答的一个重大问题。围绕着对这一重大问题的回答，习近平总书记发表了一系列重要讲话，在党的十九大上形成了马克思主义中国化的最新成果，即习近平新时代中国特色社会主义思想。为了坚定"四个自信"，早日实现社会主义现代化和中华民族伟大复兴，我们有必要对中国特色社会主义的基本内涵、核心内涵、内涵结构等一系列基本问题作出详细的阐释，从而准确把握其精神实质。

第一章
中国特色社会主义内涵概述

中国特色社会主义内涵丰富，博大精深。只有认清中国特色社会主义的内涵结构，精准把握中国特色社会主义的具体含义，才能真正做到理论上清醒，行动上坚定。

一、中国特色社会主义的多维内涵

中国特色社会主义具有多维内涵，它至少可分为两个层次。其一是核心内涵，中国特色社会主义的道路、理论体系、制度、文化，实际上属于中国特色社会主义的本质与核心。其二是基本内涵，主要指四大核心要素，以及中国特色社会主义伟大旗帜、伟大斗争、伟大工程、伟大事业、伟大梦想、伟大实践、深刻变革、世界价值、领导力量、依靠力量、保障条件、总依据、总布局、总任务，以及党的思想路线、党的指导思想，等等。

（一）中国特色社会主义的核心内涵

学术界目前就中国特色社会主义的内涵问题尚未作出统一界定。十八大首次将中国特色社会主义道路、理论体系、制度"三位一体"相提并论，十九大则将中国特色社会主义的核心内涵定义为道路、理论体系、制度、文化，即所谓"四位一体"。狭义上的中国特色社会主义，主要指一般要素之中的"三个基本""四个特色""四种自信""四个全面""五大发展理念"等中国特色社会主义内在本质性的核心要素。①它不断丰富发展，直至形成了道路、理论、制度、文化"四位一体"的新认识。核心内涵是把握中国特色社会主义科学内涵的关键所在，它构成中国特色社会主义宏大工程的主体框架，具有建构价值。

（二）中国特色社会主义的基本内涵

广义上的中国特色社会主义，也就是它的基本内涵除了包括中国特色社会主义核心内涵三要素外，还包括中国特色社会主义伟大旗帜（旗帜引领方向，要确保马克思主义在意识形态领域里的领导地位，确保社会主义方向）、伟大梦想（实现中华民族伟大复兴中国梦）、伟大斗争（实现伟大梦想必须进行伟大斗争，我们党要团结带领人民进行具有许多新的历史特点的伟大斗争）、伟大工程（实现伟大梦想必须建设伟大工程，也就是要推进全面从严治党，不断提高党的执政能力和领导水平）、伟大事业（实现伟大梦想必须推进伟大事业，就是要不断推进中国特色社会主义事业）、伟大实践（不断推进改革开放）、深刻变革（中国特色社会主义进入了新时代）、社会主要矛盾（新时代社会主要矛盾发生了深刻变化）、世界价值（为解决人类问题贡献了中国智慧和中国方案）、领导力量（中

---

① "三个基本"指党的基本理论、基本路线、基本方略；"四个特色"指实践特色、理论特色、民族特色、时代特色；"四种自信"指道路自信、理论自信、制度自信、文化自信；"四个全面"指全面建成小康社会、全面深化改革、全面依法治国、全面从严治党；"五大发展理念"指创新、协调、绿色、开放、共享。

国共产党）、依靠力量（工人、农民、知识分子和支持社会主义的爱国者）、保障条件（祖国统一、军队国防、外交战略）、总依据（社会主义初级阶段）、总布局（五位一体）、总任务（实现中华民族伟大复兴和社会主义现代化），以及党的思想路线、党的指导思想等其他与中国特色社会主义相关的一般性要素。

二、中国特色社会主义的四大内涵

党的十九大报告将中国特色社会主义的核心内涵定义为中国特色社会主义道路、中国特色社会主义理论体系、中国特色社会主义制度、中国特色社会主义文化四大方面。"中国特色社会主义道路是实现社会主义现代化、创造人民美好生活的必由之路，中国特色社会主义理论体系是指导党和人民实现中华民族伟大复兴的正确理论，中国特色社会主义制度是当代中国发展进步的根本制度保障，中国特色社会主义文化是激励全党全国各族人民奋勇前进的强大精神力量。"[①]四者统一于中国特色社会主义伟大实践和历史进程中。

（一）中国特色社会主义道路

根据党的十八大和十九大报告，可以将中国特色社会主义道路概括为：在中国共产党领导下，立足基本国情，以经济建设为中心，坚持四项基本原则，坚持改革开放，解放和发展社会生产力，建设社会主义市场经

---

①习近平：《决胜全面建成小康社会　夺取新时代中国特色社会主义伟大胜利——在中国共产党第十九次全国代表大会上的报告》，人民出版社，2017，第16—17页。

济、社会主义民主政治、社会主义先进文化、社会主义和谐社会、社会主义生态文明，促进人的全面发展，逐步实现全体人民共同富裕，建设富强民主文明和谐美丽的社会主义现代化国家。这就指出了社会主义道路的本质要求、总体布局和价值目标。

1. 中国特色社会主义道路的本质要求

一是坚持党的领导。在党的十九大报告中习近平强调"历史已经并将继续证明，没有中国共产党的领导，民族复兴必然是空想"[①]。党的90多年波澜壮阔的奋斗历程雄辩地证明了中国共产党是伟大、光荣、正确的马克思主义政党，是领导中国人民不断开创事业发展的核心力量，是中国特色社会主义道路的开拓者和领导者。因此，在2018年的"两会"期间，"中国共产党的领导是中国特色社会主义最本质的特征"被写入宪法修正案。

二是立足社会主义初级阶段的基本国情。坚持一切从实际出发，实事求是，是我们中国共产党人始终遵循的基本原则和思想路线。只有立足国情，把握客观实际，才能制定正确的路线方针政策，那么目前我们的国情是什么呢？在党的十九大报告中习近平指出："必须认识到，我国社会主要矛盾的变化，没有改变我们对我国社会主义所处历史阶段的判断，我国仍处于并将长期处于社会主义初级阶段的基本国情没有变，我国是世界最大发展中国家的国际地位没有变。"[②]

三是坚持党的基本路线。既然我们现在"仍处于并将长期处于社会主义初级阶段"，那么我们就必须"牢牢把握社会主义初级阶段这个基本

---

①习近平：《决胜全面建成小康社会 夺取新时代中国特色社会主义伟大胜利——在中国共产党第十九次全国代表大会上的报告》，人民出版社，2017，第16页。

②习近平：《决胜全面建成小康社会 夺取新时代中国特色社会主义伟大胜利——在中国共产党第十九次全国代表大会上的报告》，人民出版社，2017，第12页。

国情，牢牢立足社会主义初级阶段这个最大实际，牢牢坚持党的基本路线这个党和国家的生命线、人民的幸福线，领导和团结全国各族人民，以经济建设为中心，坚持四项基本原则，坚持改革开放，自力更生，艰苦创业，为把我国建设成为富强民主文明和谐美丽的社会主义现代化强国而奋斗"[①]。党的基本路线，是党和国家的生命线，是人民的幸福线，是推进中国特色社会主义道路的政治保证。以经济建设为中心是中国特色社会主义道路的物质基础，坚持四项基本原则是中国特色社会主义道路的政治基石，坚持改革开放是中国特色社会主义道路的活力源泉。党的基本路线为中国特色社会主义道路奠定了立国之本，确立了兴国之要，夯实了强国之基。邓小平所说的"基本路线要管一百年，动摇不得"，其意义是非常深远的。

四是明确了根本任务。我国的社会主义建立在一穷二白、生产力水平极其低下的社会条件之上，是不发达的社会主义。长期处于社会主义初级阶段的我们，要把社会主义道路拓宽和推向新的高度，就必须大力解放和发展生产力。

2. 中国特色社会主义道路的总体布局

中国特色社会主义道路总体布局是五位一体。这个总体布局是一个有机整体，其中经济建设是根本，政治建设是保证，文化建设是灵魂，社会建设是条件，生态建设是基础，它勾勒了一幅经济、政治、文化、社会、生态和谐共生、协调发展的壮丽蓝图。

3. 中国特色社会主义道路的价值目标

它体现在两个方面：

---

①习近平：《决胜全面建成小康社会　夺取新时代中国特色社会主义伟大胜利——在中国共产党第十九次全国代表大会上的报告》，人民出版社，2017，第12页。

一是促进人的全面发展。人的全面发展是社会主义的本质要求。马克思、恩格斯曾经指出，在未来社会里，"每个人的自由发展是一切人的自由发展的条件"。马克思还进一步强调，未来社会是"一个更高级的、以每一个个人的全面而自由的发展为基本原则的社会形式"。在当代中国社会，中国特色社会主义道路就是促进人的全面发展的必由之路。

二是逐步实现全体人民共同富裕。共同富裕是社会主义的本质要求。走共同富裕道路是中国共产党自成立以来就坚持的坚定信念，要"深入开展脱贫攻坚，保证全体人民在共建共享发展中有更多获得感，不断促进人的全面发展、全体人民共同富裕"。中国特色社会主义道路就是创造人民美好生活的必由之路。

中国特色社会主义道路集中体现了我们党的崇高理想与内在特质，是党的理论、路线、方针、政策的实践形态，是党经过长期实践艰辛探索出来的，符合社会发展规律，符合中国国情，符合世界发展趋势，必须要倍加珍惜，始终坚持，不断发展。

（二）中国特色社会主义理论体系

中国特色社会主义理论体系，就是包括邓小平理论、"三个代表"重要思想、科学发展观、习近平新时代中国特色社会主义思想在内的科学理论体系。它是我们党坚持把马克思主义基本原理同中国改革开放的具体实践相结合，在推进马克思主义中国化的历史进程中升华、提炼的理论精髓，是我们党最宝贵的政治和精神财富，是党带领全国各族人民团结奋斗，开创中国特色社会主义事业新境界的共同思想基础，是始终贯穿于社会主义实践的灵魂。它不是对马克思列宁主义、毛泽东思想的背离，相反却坚持一切从实际出发，解放思想，实事求是，与时俱进，求真务实，以创造性内容丰富和发展了马克思主义理论宝库，是对马克思列宁主义、毛泽东思想的继承和发展，是马克思主义中国化的第二个理论成果。

中国特色社会主义理论体系系统地回答了在中国这样一个十几亿人口的发展中大国建设什么样的社会主义、怎样建设社会主义，建设什么样的党、怎样建设党，实现什么样的发展、怎样发展，特别是中国特色社会主义进入新时代以后，我们要坚持和发展什么样的中国特色社会主义、怎样坚持和发展中国特色社会主义等一系列理论和实践问题，它是对马克思主义、毛泽东思想的继承和发展。在当代中国，坚持马克思主义，就必须坚持中国特色社会主义理论体系；坚持中国特色社会主义理论体系，就是真正坚持马克思主义。

（三）中国特色社会主义制度

2011年7月1日，胡锦涛在庆祝中国共产党成立九十周年的讲话中正式提出"确立中国特色社会主义制度"，并指出"中国特色社会主义制度，是当代中国发展进步的根本制度保障，集中体现了中国特色社会主义的特点和优势"[1]。在党的十八大报告中，胡锦涛进一步阐释了其基本内涵，即"中国特色社会主义制度，就是人民代表大会制度的根本政治制度，中国共产党领导的多党合作和政治协商制度、民族区域自治制度以及基层群众自治制度等基本政治制度，中国特色社会主义法律体系，公有制为主体、多种所有制经济共同发展的基本经济制度，以及建立在这些基础上的经济体制、政治体制、文化体制、社会体制等各项具体制度"[2]。中国特

---

[1]中共中央文献研究室编《十七大以来重要文献选编》（下），中央文献出版社，2013，第436页。

[2]《中国共产党第十八次全国代表大会文件汇编》，人民出版社，2012，第11—12页。

色社会主义制度包含了四个层面的内容，即根本政治制度、基本制度、具体制度和法律体系。

一是根本政治制度。根本政治制度在制度体系中处于根本地位，是对中国特色社会主义实践的本质性规定，是确立基本制度和具体制度的基石。人民代表大会制度作为我国的根本政治制度，集中体现着人民民主和人民当家作主的社会主义国家的性质，是实现人民利益以及党全心全意为人民服务的根本宗旨的制度体现。同时又是基本制度、具体制度以及法律体系的本源，是建设中国特色社会主义政治文明的制度保障，具有鲜明的制度特色。

二是基本制度。基本制度包括基本政治制度和基本经济制度。它是制度体系中的"主干"和基本框架，并发挥着主导作用。它以根本政治制度为逻辑生长点，为各项具体制度的建立规定了范围，是进行具体制度设计和安排的依据。

三是具体制度。具体制度处于制度体系的最表层，是根本政治制度和基本制度的具体延伸，是制度体系中的"枝叶"，同时受到根本政治制度和基本制度的制约，并服从服务于根本政治制度和基本制度。

四是中国特色社会主义法律体系。中国特色社会主义法律体系为根本政治制度、基本制度和具体制度提供了法律依据，是各种制度由抽象走向具体的法律表达，这主要体现为用不同层级法律规范规定了根本政治制度、基本政治制度和具体制度之间的关系。其中最为突出的就是以宪法为最高层级的法律形式保证了中国特色社会主义制度的权威，确立了人民代表大会制度在制度体系中的最高地位，同时又为制度的具体设计、安排提供了规则，用法律的权威保障了不同层级制度之间的严肃性、规范性和统一性。

在党的十九大报告中，习近平进一步指出"必须坚持和完善中国特色社会主义制度，不断推进国家治理体系和治理能力现代化，坚决破除一切不合时宜的思想观念和体制机制弊端，突破利益固化的藩篱，吸收人类文明有益成果，构建系统完备、科学规范、运行有效的制度体系，充分发挥我国社会主义制度优越性"。

（四）中国特色社会主义文化

文化是一个国家、一个民族的灵魂。文化自信是一个国家、一个民族发展中更基本、更深层、更持久的力量。随着信息时代的到来以及世界多极化、经济全球化的深入发展，各种思想文化交流交融交锋更加频繁，文化在综合国力中的地位和作用更加凸显，人民对精神文化生活的需要更加迫切。因此我们必须高度重视中国特色社会主义文化建设。

1. 基本内涵

习近平在党的十九大报告中深刻指出："发展中国特色社会主义文化，就是以马克思主义为指导，坚守中华文化立场，立足当代中国现实，结合当今时代条件，发展面向现代化、面向世界、面向未来的，民族的科学的大众的社会主义文化，推动社会主义精神文明和物质文明协调发展。要坚持为人民服务、为社会主义服务，坚持百花齐放、百家争鸣，坚持创造性转化、创新性发展，不断铸就中华文化新辉煌。"[1]这些重要论述阐明了建设中国特色社会主义文化等一系列重大问题。

2. 指导思想

坚持马克思主义的指导地位。我国是社会主义国家，中国共产党是中

---

①习近平：《决胜全面建成小康社会　夺取新时代中国特色社会主义伟大胜利——在中国共产党第十九次全国代表大会上的报告》，人民出版社，2017，第41页。

国特色社会主义事业的领导核心，马克思主义是我们党的根本指导思想，这就决定了马克思主义是社会主义意识形态的旗帜，是社会主义核心价值体系的灵魂。如果放弃了马克思主义的指导，中国共产党领导中国人民进行的中国特色社会主义各项事业就会失去指引、走向迷途乃至归于失败。包括邓小平理论、"三个代表"重要思想、科学发展观和习近平新时代中国特色社会主义思想在内的中国特色社会主义理论体系是对马克思列宁主义、毛泽东思想的继承和发展，是马克思主义中国化的最新成果，坚持马克思主义的同时还要丰富和发展马克思主义，坚持马克思主义与时俱进的理论品质。

在坚持马克思主义指导地位的同时，并不排斥社会价值观念的多样化。经济基础决定上层建筑，由于我国还处于并将长期处于社会主义初级阶段，因此现阶段我们必须实行公有制为主体、多种所有制经济共同发展的经济制度，从而导致社会经济成分、生活方式和价值选择也必然多样化，这也要求我们要尊重差异，包容多样，挖掘和鼓励不同阶层、不同群体所蕴含的积极向上的思想意识，最大限度地形成思想共识，凝聚力量，把建设中国特色社会主义，作为我们的共同理想，把实现共产主义作为我们的远大理想。在尊重差异中扩大社会认同，在包容多样中形成思想共识，团结不同社会阶层、不同价值取向的人们共同奋斗，齐心协力建设中国特色社会主义，为将来走向共产主义准备条件。

3. 基本内容

中华优秀传统文化、革命文化和社会主义先进文化构建了中国特色社会主义文化的基本内容。

中华优秀传统文化是中华民族的"根"和"魂"，是中华民族的文化基因和精神家园，是中华民族生生不息、发展壮大的丰厚滋养，是我们治国理政的重要思想文化资源，是中国特色社会主义植根的文化沃土，是实现中华民族伟大复兴中国梦的重要精神支撑，是中华民族在世界文化激荡中站稳脚跟、坚定文化自信的坚实根基和突出优势。坚守中华文化立场，传承弘扬中华优秀传统文化，这是中华民族存续和发展的重要前提，也是发展中国特色社会主义文化永远需要坚持的重要原则。中国共产党作为马克思主义政党，在革命、建设、改革各个历史时期，也创造了伟大的革命文化和社会主义先进文化。这些革命文化和先进文化是砥砺着我们不断前行的重要精神力量。社会主义先进文化是我们需要努力建设的当代中国社会的主流文化，引领着中国文化的发展方向，在建设中国特色社会主义的今天，社会主义先进文化本质上就是中国特色社会主义文化。

4. 基本方针

坚持为人民服务、为社会主义服务，坚持百花齐放、百家争鸣，坚持创造性转化、创新性发展。

为人民服务是由我们党作为马克思主义政党的根本立场和全心全意为人民服务的根本宗旨决定的。我们党带领人民建设中国特色社会主义各项事业，包括中国特色社会主义文化建设在内，当然应该始终坚持一切为了人民这个立场、全心全意为人民服务这个宗旨。只有这样，中国特色社会主义文化建设才会具有广泛代表性，从而拥有深厚的力量源泉。

为社会主义服务是由我国的社会制度属性决定的。文化作为政治、经济的集中反映和社会发展的重要组成部分，其前进方向自然要从属并决定于整个社会特别是政治、经济的发展方向，服从服务于社会发展特别是政治、经济的发展需要。所以，在坚定不移地走中国特色社会主义道路的今日中国，中国特色社会主义文化建设自然要坚持为社会主义服务这一基本方针。

百花齐放、百家争鸣，就是在文艺创作上允许不同风格、不同流派、不同题材、不同手法的作品同时存在，自由发展；在学术理论上，提倡不同学派、不同观点互相争鸣，自由讨论。实践证明，这一方针是符合文学艺术和科学研究发展的客观规律，能够促进社会主义文化繁荣和科技兴旺的正确方针，发展中国特色社会主义文化也必然要坚持这一方针。

创造性转化、创新性发展，最初是习近平总书记针对传承发展中华优秀传统文化工作提出的。所谓创造性转化，就是要按照时代特点和要求，对中华传统文化中那些至今仍有借鉴价值的内涵和陈旧的表现形式加以改造，赋予其新的时代内涵和现代表达形式，激活其生命力。所谓创新性发展，就是要按照时代的发展，对中华优秀传统文化的内涵加以补充、拓展、完善，增强其影响力和感召力。十九大报告将这一方针提高到发展中国特色社会主义文化所要遵循的基本方针的高度，这就要求我们在继承革命文化、发展社会主义先进文化的过程中，也应根据实际情况和时代条件的变化和发展，对革命文化和已有的社会主义先进文化中的一些内容和形式进行创造性转化和创新性发展。

中国特色社会主义是改革开放以来党的全部理论和实践的主题，是党和人民历尽千辛万苦、付出巨大代价取得的根本成就。中国特色社会主义道路是实现社会主义现代化、创造人民美好生活的必由之路，中国特色社会主义理论体系是指导党和人民实现中华民族伟大复兴的正确理论，中国特色社会主义制度是当代中国发展进步的根本制度保障，中国特色社会主义文化是激励全党全国各族人民奋勇前进的强大精神力量。全党要更加自觉地增强道路自信、理论自信、制度自信、文化自信，既不走封闭僵化的老路，也不走改旗易帜的邪路，保持政治定力，坚持实干兴邦，始终坚持和发展中国特色社会主义。

第二章
中国特色社会主义道路

每个时代、每个国家都有不同性质和特点的发展道路。中国特色社会主义道路是当代中国实现社会主义现代化的伟大道路，是实现中华民族伟大复兴中国梦的必由之路，是彰显中国精神和中国力量的成功之路。

一、中国特色社会主义道路的科学内涵

党的十七大首次对中国特色社会主义道路的基本内涵作了科学完整的表述，明确指出"中国特色社会主义道路，就是在中国共产党领导下，立足基本国情，以经济建设为中心，坚持四项基本原则，坚持改革开放，解放和发展社会生产力，巩固和完善社会主义制度，建设社会主义市场经济、社会主义民主政治、社会主义先进文化、社会主义和谐社会，建设富强民主文明和谐的社会主义现代化国家"[1]。

---

[1]《中国共产党第十七次全国代表大会文件汇编》，人民出版社，2007，第11页。

（一）根本保证

中国特色社会主义道路是中国共产党领导人民长期探索、奋力开拓的。中国共产党不仅是中国特色社会主义道路的开辟者，也是推进这条道路向前发展的领导者，是我们推进事业发展、战胜前进道路上各种艰难险阻、实现富强民主文明和谐社会主义现代化目标的根本保证。只有坚持党的领导，才能保证改革开放和现代化建设事业的正确方向并为之创造一个安定团结的政治局面和社会环境；离开共产党的领导，中国就会走上非社会主义的邪路。坚持党的坚强领导是中国人民历史和现实的必然选择。

（二）核心内容

党在社会主义初级阶段的基本路线是在我们党总结社会主义运动的历史经验同时结合中国国情、把握社会主义的根本任务和发展动力的基础上确定的。

以经济建设为中心是兴国之要，是我们党、我们国家兴旺发达和长治久安的根本要求。对处于并将长期处于社会主义初级阶段的中国来说，尤其要把集中力量发展社会生产力摆在首要地位。我国人口多，人均资源占有量少，同发达国家相比，还处于相对落后状态，经济、政治、文化和社会生活各方面存在着种种矛盾。虽然经济发展不是发展的全部，但却是最核心、最基本的内容。只有牢牢抓住这个主要矛盾和工作中心，才能清醒地观察和把握社会矛盾的全局，为其他各种社会矛盾的解决提供根本的物质基础，才能不断满足人民日益增长的物质文化生活需要，才能推动社会的全面进步，才能从根本上巩固和发展社会主义制度。只有经济发展了，经济实力和综合国力增强了，人民的生活才能不断得到改善，国家才能长治久安，促进社会全面进步和人的全面发展才有坚实的物质基础，我们才能在国际格局中占据更加有利的地位。

四项基本原则是立国之本，是我们党和国家生存发展的政治基石。坚持四项基本原则，是指必须坚持社会主义道路，必须坚持人民民主专政，必须坚持共产党的领导，必须坚持马列主义、毛泽东思想。四项基本原则遵循了科学社会主义的基本原则，也是建设社会主义中国的立国之本，是我国根本区别于历史上的封建主义中国和资本主义国家的主要标志，是当代中国发展进步的根本政治前提和制度基础。坚持四项基本原则，就是要保证改革开放和现代化事业的社会主义性质和正确方向。

改革开放是强国之路。改革开放是党在新的时代条件下带领人民进行的新的伟大革命，是解放和发展生产力，促进党和国家发展进步的活力源泉，是巩固和完善社会主义制度，发展中国特色社会主义的强大动力。

以经济建设为中心，坚持四项基本原则，坚持改革开放，三者相互贯通，相互依存，内在统一于建设中国特色社会主义的伟大实践。以经济建设为中心是坚持四项基本原则和坚持改革开放的物质基础。离开经济建设这个中心，人民生活就不可能不断得到改善，社会主义社会的一切发展和进步就会失去物质基础。四项基本原则是我国经济社会发展和改革开放的根本政治保障。我国的经济建设和改革开放，是为了不断巩固社会主义制度和发展社会主义的物质基础，不断改善最广大人民群众的生活，最终实现共同富裕。这就决定了经济建设和改革开放不能偏离社会主义方向和道路，不能没有马克思主义中国化的指导，不能脱离中国共产党的领导，不能削弱人民民主专政的国家制度。离开四项基本原则，经济建设和改革开放就会迷失方向。改革开放是我们党和国家发展进步的活力源泉，改革开放赋予四项基本原则新的时代内涵和经济建设的强大动力。一个中心、两个基本点，是相互贯通、相互依存、不可分割的统一整体，须臾不可偏离，丝毫不可偏废，必须全面坚持、一以贯之。

（三）总体布局

对于中国特色社会主义事业的总体布局，我们党既有明确的指导方针，又随时代发展不断完善，展现了"两大文明"—"三大文明"—"四位一体"—"五位一体"的发展过程。1979年，叶剑英在庆祝中华人民共和国成立30周年的重要讲话中，明确提出："我们要在建设高度物质文明的同时，提高全民族的教育科学文化水平和健康水平，树立崇高的革命理想和革命道德风尚，发展高尚的丰富多彩的文化生活，建设高度的社会主义精神文明。"[①]这里虽然没有提出总体布局的概念，但他提出的两个文明建设问题，实际上就是要从总体上把握社会主义现代化建设的布局问题。1982年党的十二大明确提出了"三步走"的现代化建设战略部署，并且提出了包括经济富强、政治民主、精神文明在内的"三位一体"的现代化建设总体格局。1986年9月党的十二届六中全会通过的《中共中央关于社会主义精神文明建设指导方针的决议》（以下简称《决议》），第一次明确提出了"总体布局"这一概念。《决议》指出："我国社会主义现代化建设的总体布局是：以经济建设为中心，坚定不移地进行经济体制改革，坚定不移地进行政治体制改革，坚定不移地加强精神文明建设，并且使这几个方面互相配合，互相促进。"[②]从而使中国特色社会主义总体布局的基本框架初步构成。1997年党的十五大围绕社会主义现代化建设的总

---

①中共中央文献研究室编《三中全会以来重要文献选编》（上），人民出版社，1982，第234页。
②中共中央文献研究室编《十二大以来重要文献选编》（下），人民出版社，1988，第1173—1174页。

目标，在党的基本理论、基本路线的基础上，制定了建设中国特色社会主义经济、政治、文化的基本纲领，从而使"三位一体"的现代化建设格局更加明晰。进入新世纪新阶段，面对错综复杂的国内形势和不断变化的国际格局，我们党顺应历史发展和时代变化的要求，正式提出了构建社会主义和谐社会的命题，使社会主义现代化建设的总体布局，由物质建设、政治建设、文化建设的"三位一体"深化拓展为包括和谐社会建设在内的"四位一体"，丰富了社会主义现代化建设的战略思想。2005年，胡锦涛在省部级主要领导干部专题研讨班的重要讲话中第一次明确地提出："随着我国经济社会的不断发展，中国特色社会主义事业的总体布局，更加明确地由社会主义经济建设、政治建设、文化建设三位一体发展为社会主义经济建设、政治建设、文化建设、社会建设四位一体。"[①]讲话第一次提出"社会建设"的概念，由此拓展深化了现代化建设的战略格局，也表明我们党对社会主义建设规律的认识越来越深刻。2007年，胡锦涛在党的十七大报告中提出了实现全面建设小康社会奋斗目标的新要求，特别是提到要建设"生态文明"，并首次把这个概念写入了党的代表大会的政治报告。这是执政兴国理念的新发展，至此，中国特色社会主义道路的总体布局更加全面完整。

中国特色社会主义经济建设，就是要以社会主义市场经济建设为重点，建立和完善社会主义市场经济体制，实现社会主义基本制度与市场经济体制有机结合，做到既有利于发挥社会主义制度的优越性，又有利于发挥市场经济的长处，解放生产力和发展生产力；坚持和完善公有制为主体，多种所有制经济共同发展的基本经济制度，毫不动摇地巩固和发展公

①中共中央文献研究室编《十六大以来重要文献选编》（中），人民出版社，2006，第696页。

有制经济，毫不动摇地鼓励、支持、引导非公有制经济发展，形成各种所有制经济平等竞争，相互促进新格局；坚持和完善按劳分配为主体，多种分配方式并存的分配制度；要深化对社会主义市场经济规律的认识，从制度上更好发挥市场在资源配置中的基础性作用，形成既有利于科学发展又能适时应对国际经济变化的宏观调控体系等。

中国特色社会主义政治建设，就是要以社会主义民主政治建设为重点，积极稳妥推进政治体制改革，使我国社会主义民主政治展现出更加旺盛的生命力。要坚持中国特色社会主义政治发展道路，坚持党的领导、人民当家作主、依法治国有机统一，坚持和完善人民代表大会制度、中国共产党领导的多党合作和政治协商制度、民族区域自治制度以及基层群众自治制度，不断推进社会主义政治制度自我完善和发展。

中国特色社会主义文化建设，就是坚持以马克思主义为指导，以社会主义先进文化建设为重点，不断发展面向现代化、面向世界、面向未来的民族的科学的大众的社会主义文化。要激发全民族文化创造活力，提高国家文化软实力，使人民基本文化权益得到更好保障，使社会文化生活更加丰富多彩，使人民精神风貌更加昂扬向上。一要大力推进社会主义核心价值体系建设，增强社会主义意识形态的吸引力和凝聚力。二要建设和谐文化，培育文明风尚。三要弘扬中华文化，建设中华民族共有精神家园。四是推进文化创新，增强文化发展活力。

中国特色社会主义社会建设，就是要以改善民生为重点，以构建和谐社会为目标，着力保障和改善民生，推进社会体制改革，扩大公共服务，完善社会管理，促进社会公平正义，努力使全体人民学有所教，劳有所得，病有所医，老有所养，住有所居，推动建设和谐社会。一要优先发展教育，建设人力资源强国。二要扩大就业，促进以创业带动就业。三要深化收入分配制度改革，增加城乡居民收入。四要建立健全覆盖城乡居民的社会保障体制，保障人民基本生活。

中国特色社会主义生态文明建设，就是以尊重和维护生态环境为出发点，强调人与自然、人与人以及经济与社会的协调发展；以可持续发展为依托，以生产发展、生活富裕、生态良好为基本原则；以人的全面发展为最终目标。

五位一体以及生态文明建设是紧密联系、相互促进、密不可分的一个整体。其中，经济建设是核心，政治建设是保证，文化建设是支撑，社会建设是本质要求，生态建设是基础。推进我国社会主义现代化建设，就要坚持以经济建设为中心，促进生产力与生产关系、经济基础与上层建筑相互协调，全面推进政治建设、文化建设、社会建设以及生态文明建设共同发展。

（四）战略目标

中国共产党领导人民进行革命、建设、改革，其目的就是让中国人民富裕起来，让国家强大起来。"富强民主文明和谐美丽"的发展目标，是自新中国成立以来我们党对我国社会主义现代化建设规律的认识不断深化的结果，是随着我国改革开放和现代化建设的逐步展开而明确清晰和丰富起来的。早在20世纪50年代，毛泽东就提出，要调动一切积极因素把我国建设成强大的社会主义国家。

改革开放初期，邓小平在毛泽东、周恩来探索的基础上，从我国的基本国情出发，设计了"三步走"战略。20世纪末，江泽民在党的十五大对第三步战略目标提出了新的"三步走"的发展规划，即"第一个十年实现国民生产总值比二〇〇〇年翻一番，使人民的小康生活更加宽裕，形成比较完善的社会主义市场经济体制；再经过十年的努力，到建党一百年时，使国民经济更加发展，各项制度更加完善；到世纪中叶建国一百年时，基本实现现代化，建成富强民主文明的社会主义国家"①。党的十六大又将前两步目标合并为一个目标，即全面建设小康社会的奋斗目标。2006年召开的党的十六届六中全会，明确把中国特色社会主义发展的目标完善为"把我国建设成为富强民主文明和谐的社会主义现代化国家"②。这也就预示着我国社会主义现代化建设的总体布局更加明确地由社会主义经济建设、政治建设、文化建设的"三位一体"发展为社会主义经济建设、政治建设、文化建设与和谐社会建设的"四位一体"。这一表述被写进了党的十七大报告和新修订的党章，使社会主义现代化建设目标更加全面，更加丰富，更加具体，更加激励人心。十九大立足于十八大作出的"五位一体"总布局，更加明确地提出"把我国建设成为富强民主文明和谐美丽的社会主义现代化强国"。建设"富强民主文明和谐美丽的社会主义现代化强国"，是从中国特色社会主义事业总体布局和全面建设小康社会全局出发提出的重大战略任务，反映了中国特色社会主义"五位一体"总体目标的本质要求，展示了中国特色社会主义道路的美好前景，体现了全党全国各族人民的共同愿望。

通过上述解析，可以看出中国特色社会主义道路是一个内涵丰富、内在逻辑严密的有机统一整体。其中，党的领导、立足国情、"一个中心，两个基本点"是前提和基础；"五位一体"总体布局是基本内容，是中国特色社会主义道路的具体展开；富强民主文明和谐美丽的社会主义现代化

①中共中央文献研究室编《改革开放三十年重要文献选编》（下），人民出版社，2008，第891页。

②中共中央文献研究室编《十六大以来重要文献选编》（下），人民出版社，2008，第671页。

发展目标是宏伟蓝图，是中国特色社会主义道路的努力方向。

二、中国特色社会主义道路的理论基石

中国特色社会主义道路作为人类历史上的一项伟大的壮举，始终离不开科学理论的指导。中国特色社会主义道路的成功开辟，是继毛泽东领导中国人民把半殖民地半封建的旧中国变为社会主义新中国的伟大革命之后，把中国由不发达的社会主义国家变成富强民主文明和谐的社会主义现代化国家的又一场伟大革命，是马克思主义普遍真理和中国的具体实践相结合的又一次历史性飞跃。在当代中国，坚持中国特色社会主义道路，就是真正坚持科学社会主义。中国特色社会主义道路，是马克思主义基本原理同当代中国实际和时代特征相结合的产物，是科学社会主义基本原则在当代中国的创造性运用和发展，具有深厚的理论渊源和思想基础。

（一）理论基础

马克思主义是反映世界的本质及其发展规律的最全面、最深刻的学说，是时代精神的精华。列宁主义是列宁在领导俄国革命和建设的实践中总结出的无产阶级革命和社会主义建设的新经验，是帝国主义和无产阶级革命时代的马克思主义。马克思列宁主义是中国共产党的指导思想，也是中国特色社会主义道路的理论基础和指导思想。坚定不移地走中国特色社会主义道路，毋庸置疑必须坚持马克思列宁主义的指导地位，这是由于中国特色社会主义道路是马克思主义基本原理同当代中国实际和时代特征相结合的产物，是科学社会主义基本原则在当代中国的创造性运用和发展。

1. 科学社会主义的基本原则

科学社会主义的基本原则，主要是指科学社会主义原理中那些带有普遍的指导意义，在整个理论体系中处于最重要、最本质、最核心的地位，已经被国际共产主义运动的实践证明是正确的，可以作为认识和实践社会主义所依据的法则或标准的基本原则。这些基本原则可以概括为：大力发展社会生产力，实现生产资料社会占有，实行按劳分配和共同富裕，无产阶级专政和共产党的领导，坚持马克思主义的指导地位，实现人的自由全面的发展，等等。科学社会主义的基本原则，是科学社会主义的思想精髓和本质特征，对社会主义建设和发展具有永恒的思想价值和理论意义，必须毫不动摇地长期坚持。

2. 科学社会主义基本原则在当代中国的创造性运用和发展

在中国这样经济文化落后的东方大国建设社会主义，是社会主义运动史上的崭新课题。我们面对的情况，既不是马克思主义创始人设想的在资本主义高度发展的基础上建设社会主义，也与其他社会主义国家的情况不完全相同。照搬书本不行，照搬外国也不行，必须从国情出发，把科学社会主义的基本原理同中国实际结合起来，在实践中开辟有中国特色的社会主义道路。

为此，邓小平强调指出："把马克思主义的普遍真理同我国的具体实际结合起来，走自己的道路，建设有中国特色的社会主义，这就是我们总结长期历史经验得出的基本结论。"[①] "马克思主义必须是同中国实际相结合的马克思主义，社会主义必须是切合中国实际的有中国特色的社会主义。"[②]中国特色社会主义道路是科学社会主义的基本原则在中国的具体体现、创造性运用和发展。

---

① 《邓小平文选》（第三卷），人民出版社，1993，第3页。
② 《邓小平文选》（第三卷），人民出版社，1993，第63页。

（1）中国特色社会主义道路坚持发展生产力作为社会主义的根本任务

马克思主义认为，社会主义制度的建立，必须以生产力的发展为物质前提。社会主义社会的最大优越性就在于可以创造出比旧社会制度更高的劳动生产率，而只有通过大力发展生产力，建立了强大的物质基础，社会主义才能巩固和发展。1979年11月，邓小平在会见美国不列颠百科全书出版公司吉布尼等人时就指出："当然我们不要资本主义，但是我们也不要贫穷的社会主义，我们要发达的、生产力发展的、使国家富强的社会主义。我们相信社会主义比资本主义的制度优越。它的优越性应该表现在比资本主义有更好的条件发展社会生产力。"①他认为，要坚持社会主义制度，最根本的是要发展社会生产力。

（2）中国特色社会主义道路坚持四项基本原则作为立国之本

坚持四项基本原则作为立国之本，强调要坚持党的领导和人民民主专政，这就为建设中国特色社会主义提供了坚强的政治保证，表明了我们所坚持的社会主义的政治方向，是科学社会主义的基本原则在中国运用的重要标志，也是中国特色社会主义的显著特征。

（3）中国特色社会主义道路坚持公有制为主体、多种所有制共同发展的基本经济制度

坚持公有制经济为主体、多种所有制经济共同发展的基本经济制度，是我们建设中国特色社会主义必须长期坚持的方针。这是由社会主义的性质和社会主义初级阶段的特殊国情决定的：第一，我国是社会主义国家，必须坚持公有制作为社会主义经济制度的基础；第二，我国处在社会主义初级阶段，需要在公有制为主体的条件下发展多种所有制经济；第三，一

---

① 《邓小平文选》（第二卷），人民出版社，1994，第231页。

切符合"三个有利于"的所有制形式都可以而且应该用来为社会主义服务。坚持公有制的主体地位，是社会主义的一项根本原则，也是我国社会主义市场经济的基本标志。我国是人民当家作主的社会主义国家，必须坚持把公有制作为社会主义经济制度的基础。

（4）中国特色社会主义道路坚持马克思主义在意识形态领域的指导地位

马列主义之所以成为中国特色社会主义道路的根本理论基础是由其科学性和革命性决定的。坚持马克思主义在社会主义意识形态领域的指导地位，是科学社会主义的基本原则，也是中国特色社会主义道路的灵魂所在。马克思主义是100多年来被世界历史发展进程，特别是被我国革命、建设和改革实践反复证明了的科学真理，具有鲜明的科学性和真理性，是我们认识世界、改造世界的强大思想武器。我们的事业需要马克思主义。中国特色社会主义道路始终坚持以发展着的马克思主义为指导，不搞指导思想的多元化，既遵循了科学社会主义的根本原则，又非常符合中国的国情。

（5）中国特色社会主义道路坚持共同富裕

我国生产资料公有制为主体、多种所有制共同发展的基本经济制度，决定了在分配领域必须实行按劳分配为主体、多种分配方式并存的分配制度。从1978年到1992年，邓小平不断从坚持社会主义原则的高度来论述共同富裕的问题。他明确指出，共同富裕是社会主义的根本目的、根本目标，也是社会主义的最大优越性。江泽民进一步继承和发展了关于共同富裕是社会主义本质的思想。他指出，"实现共同富裕是社会主义的根本原则和本质特征，绝不能动摇"[1]。

---

①《江泽民文选》（第一卷），人民出版社，2006，第466页。

（6）中国特色社会主义道路坚持以人为本

改革开放以来，我国总结了社会主义实践的深刻教训，逐步提出以人为本的价值取向和共富、公正、自由、平等、民主、互助、和谐等价值理念。江泽民把实现人的全面发展提高到马克思主义建设社会主义新社会的本质要求的高度，强调指出："我们要在发展社会主义社会物质文明和精神文明的基础上，不断推进人的全面发展。""人越全面发展，社会的物质文化财富就会创造得越多，人民的生活就越能得到改善，而物质文化条件越充分，又越能推进人的全面发展。"[①]人的全面发展是科学社会主义的最高命题，也是社会主义的终极目标。

（二）思想先导

马克思主义是全世界共产主义事业的指导思想，但它不是一成不变的，它是根据时代变化和各国国情变化而不断丰富和发展的科学理论体系。毛泽东思想是马克思主义中国化的第一次历史性飞跃，它在探索社会主义建设道路方面所取得的积极的理论成果，对中国特色社会主义道路的开辟和拓展具有重要的指导意义。20世纪50年代中期，以毛泽东为核心的第一代中央领导集体提出以苏为鉴，"走自己的路"，对如何建设有中国特色的社会主义提出了一些具有创造性的重要思想，积累了正反两方面的历史经验，为中国特色社会主义道路的开辟以及新时期改革开放和现代化建设事业，提供了宝贵的精神财富和重要的历史借鉴，成为开辟中国特色社会主义道路的思想先导。

①《江泽民文选》（第三卷），人民出版社，2006，第294，295页。

1. 中国式工业化道路为开辟中国特色社会主义道路提供思想先导

在中国实现工业化和现代化，是近代以来一切爱国志士梦寐以求的理想，也是中国共产党人矢志不渝的奋斗目标。新中国的诞生和社会主义制度的建立，为中国实现工业化和现代化创造了重要的政治前提和制度基础。1956年9月《中国共产党第八次代表大会关于政治报告的决议》明确提出，"党和全国人民的当前的主要任务，就是要集中力量解决这个矛盾，把我国尽快地从落后的农业国变为先进的工业国"[①]。毛泽东在读苏联《政治经济学教科书》之后的谈话中，第一次比较完整地表述了"四个现代化"的内容："建设社会主义，原来要求是工业现代化、农业现代化、科学现代化，现在要加上国防现代化。"

关于中国的工业化道路，毛泽东指出："工业化道路的问题，主要是指重工业、轻工业和农业的发展关系问题。我国的经济建设是以重工业为中心，这一点必须肯定。但是同时必须充分注意农业和轻工业。"毛泽东认为，中国的工业化道路要从中国的实际情况出发，把发展农业放在重要位置，重工业为农业和轻工业服务。1962年，党中央把这一思想概括为"以农业为基础，以工业为主导"的发展国民经济的总方针。毛泽东赞同"两步走"的战略设想：即"在三年过渡阶段之后，我们的工业发展可以按两步来考虑：第一步，搞十五年，建立一个独立的完整的工业体系，使我国工业大体赶上世界先进水平；第二步，再用十五年，使我国工业接近世界的先进水平"[②]。毛泽东等关于实现中国式工业化、现代化思想，初步回答了在经济文化落后的农业大国如何实现工业化，如何走适合中国情况的社会主义现代化道路的问题。这是从实际出发探索适合中国国情的社

---

①金冲及主编《刘少奇传》（下），中央文献出版社，2008，第734页。
②《建国以来毛泽东文稿》（第十册），中央文献出版社，1996，第347页。

会主义建设道路的一个典范，不仅有力地指导着当时的工业化和现代化建设，而且为我们党制定新时期中国特色社会主义"三步走"的发展战略，走中国特色的工业化道路奠定了重要的思想基础。

2. 社会主义社会基本矛盾和两类不同矛盾思想是改革开放的理论基础

如何正确认识和处理社会主义社会的矛盾问题，是社会主义运动史上一个重要而难以解决的课题。1957年2月，毛泽东适时地提出了社会主义基本矛盾和两类矛盾理论。在毛泽东看来社会主义社会的基本的矛盾仍然是生产关系和生产力之间的矛盾、上层建筑和经济基础之间的矛盾。毛泽东等关于正确处理社会主义社会基本矛盾和两类不同矛盾的思想，成为新时期中国社会主义改革开放的理论基础。毛泽东曾经分析我国社会主义制度确立以后，生产关系和生产力、上层建筑和经济基础既相适应又相矛盾的情况，指出社会主义社会的矛盾可以经过社会主义制度本身不断地得到解决。邓小平领导我们党找到了解决这种矛盾的正确途径，这就是进行改革开放。毛泽东等关于正确处理社会主义社会基本矛盾和两类不同矛盾的思想，也为我们在新的历史条件下正确处理人民内部矛盾，构建社会主义和谐社会提供了重要的思想理论启迪和科学方法。胡锦涛在省部级主要领导干部提高社会主义和谐社会能力专题研讨班上强调："毛泽东同志关于社会主义社会建设的正确思想，对我们构建社会主义和谐社会仍然具有重要的指导意义。"[1]

---

[1]中共中央文献研究室编《十六大以来重要文献选编》（中），中央文献出版社，2006，第704页。

3. 发展社会主义商品生产思想为建立社会主义市场经济体制提供思想先导

1958年底至1960年初，毛泽东在总结人民公社化运动的教训时，针对党内存在的要取消商品经济的思想倾向，提出了关于发展社会主义商品经济和运用价值法则的一系列独创性见解。在第一次郑州会议上，毛泽东指出，许多人避而不谈商品和商业问题，好像不如此就不是共产主义似的。"人民公社必须生产适宜于交换的社会主义商品，以便逐步提高每个人的工资。在生活资料方面，必须发展社会主义商业；并且利用价值法则的形式，在过渡时期内作为经济核算的工具，以利逐步过渡到共产主义。"[①]毛泽东还主张发展私营经济，并称之为"新经济政策"。他还提出了"可以消灭了资本主义，又搞资本主义"的思想。刘少奇、周恩来等领导人也提出了允许多种所有制存在、积极发展商品经济的思想。毛泽东等关于重视价值规律、发展社会主义商品经济的思想，对新时期提出在坚持公有制基础上发展社会主义商品经济，建立社会主义市场经济体制的思想具有重要的启迪作用。

4. 改革经济管理体制思想成为新时期社会主义经济体制改革的思想先导

毛泽东等领导人在领导社会主义建设的进程中认识到经济体制改革的紧迫性，提出了改革经济管理体制和按经济办法管理经济的思想。并且在这一思想指导下对我国的经济体制进行了改革的尝试，试图对我国社会主义建设的道路进行大胆探索，并且力求按照经济发展的规律对我国的经济体制不断进行改革。尽管在当时高度集中的计划经济总体框架还没有被触动的历史条件下，这些思想和实践还有很大的历史局限性，但无疑为新时

[①]《毛泽东文集》（第七卷），人民出版社，1999，第434页。

期中国共产党正确处理计划和市场的关系，实行以市场为导向的经济体制改革奠定了重要的思想基础，提供了有益的经验启迪。

5. 人民民主专政思想为建设中国特色社会主义民主政治提供思想先导

毛泽东提出了人民民主专政的思想，并将其进一步发展为具有中国特色的社会主义政治制度。也就是在人民内部实行民主，对敌人实行专政，把这两个方面结合起来，就是无产阶级专政，或者叫人民民主专政。毛泽东认为，无产阶级政党和无产阶级专政，现在非有不可，而且非继续加强不可，否则就不能建设社会主义，建设起来也不能巩固，无产阶级专政不能没有很大的强制性。为了扩大民主，正确处理党和非党的关系，中国共产党提出了共产党和各民主党派"长期共存，互相监督，肝胆相照，荣辱与共"的方针。为了扩大民主，建设民主政治，党和国家领导制度的改革也被提上了议事日程。毛泽东等还十分强调坚持党的民主集中制原则，反对脱离群众的官僚主义现象等。这都为建设中国特色社会主义民主政治提供思想先导。

6. "双百方针"为建设中国特色社会主义文化提供指导方针

在科学文化工作方面，毛泽东提出了"百花齐放，百家争鸣"的方针，并且对其作了充分的阐释。他指出："百花齐放、百家争鸣的方针，是促进艺术发展和科学进步的方针，是促进我国的社会主义文化繁荣的方针。""它是根据中国的具体情况提出来的，是在承认社会主义社会仍然存在各种矛盾的基础上提出来的，是在国家需要迅速发展经济和文化的迫切要求上提出来的。"[1] "双百"方针是繁荣社会主义科学文化基本的和

---

[1]《毛泽东文集》（第七卷），人民出版社，1999，第229页。

长期的方针，是对建设中国特色社会主义文化有指导意义的方针。

7. 独立自主和平外交原则为实施中国特色的外交与国际战略奠定思想基础

为了维护中国的独立和主权，毛泽东始终坚持独立自主的原则。第一代中央领导集体坚持反对帝国主义、霸权主义、殖民主义和种族主义，维护世界和平，在和平共处五项原则的基础上发展同世界各国的友好关系和经济文化往来。毛泽东提出了关于三个世界划分的战略，中国站在第三世界一边，加强同第三世界国家的团结，争取第二世界国家共同反霸，并且同美国、日本建立正常的外交关系。以毛泽东为核心的中国共产党第一代中央领导集体关于中国社会主义建设探索中的正确理论和思想观点，为中国特色社会主义道路的开辟以及新时期改革开放和现代化建设事业，提供了宝贵的精神财富和重要的历史借鉴，奠定了坚实的思想前提和理论基础，成为开辟中国特色社会主义道路的思想先导。

（三）指导思想

马克思列宁主义普遍真理在与中国具体实际相结合的过程中发生的第二次伟大飞跃，即中国特色社会主义理论体系。中国特色社会主义理论体系既继承了前人的优秀成果，又开拓了理论发展的新境界，是符合中国实际的、引领时代潮流的马克思主义。中国特色社会主义道路的开辟和中国特色社会主义理论体系的形成是前进性与曲折性相统一的艰苦历程。了解中国特色社会主义理论体系是如何在中国特色社会主义道路的发展历程中逐步形成和如何在建设中国特色社会主义的伟大事业中引导中国特色社会主义道路向纵深发展，并把握二者之间的辩证统一关系，有助于我们深刻认识和全面把握"中国特色社会主义是改革开放以来党的全部理论和实践的主题"思想。

1. 中国特色社会主义理论体系为开辟中国特色社会主义道路提供理论指导

中国特色社会主义道路的开辟，中国特色社会主义伟大实践的发展，同中国特色社会主义理论体系的提出、形成和完善基本上是同步的，是历史和逻辑的有机统一。中国特色社会主义理论体系是中国特色社会主义道路的指导思想，没有中国特色社会主义的理论体系，就不可能有中国特色社会主义道路的开辟，也不能保证中国特色社会主义的航船在风云变幻的国际国内形势下乘风破浪胜利前进。中国特色社会主义理论体系对中国特色社会主义道路的指导意义主要体现在：一是提供理论基石，社会主义初级阶段论、社会主义本质论和社会主义市场经济论等，为中国特色社会主义道路的开辟奠定了理论基础；二是提供基本的理论支撑，改革开放论、经济政治文化和社会建设论、军队国防建设论、国际战略论、祖国和平统一理论和党的建设理论等，构成了中国特色社会主义道路的主体理论框架；三是提供了核心内容，关于"一个中心、两个基本点"的基本路线，成为中国特色社会主义道路的核心内容。

2. 中国特色社会主义道路是中国特色社会主义理论体系形成发展的实践基础

实践是理论创新的源泉，也是理论发展的强大动力。中国特色社会主义理论体系的形成、发展和不断完善，是同中国特色社会主义道路的开拓、深化紧密相连的。中国特色社会主义道路为中国特色社会主义理论体系提供实践经验、发展动力和检验标准，推动中国特色社会主义理论体系不断丰富和发展。中国特色社会主义道路为中国特色社会主义理论体系的形成和发展提供实践基础，主要表现在三个方面：一是中国特色社会主义道路的发展不断出现新情况、新问题，推动中国特色社会主义理论体系的形成和发展。二是中国特色社会主义道路的发展不断创造新的经验，不断丰富中国特色社会主义理论体系的理论宝库，赋予其鲜明的时代特点和民族气派。三是中国特色社会主义道路的成功实践，不断检验和发展着中国特色社会主义理论体系。

中国特色社会主义作为新时期以来我们党继续推进马克思主义中国化的伟大历史性创造，体现在实践上就是开辟了中国特色社会主义道路，体现在理论上就是形成了中国特色社会主义理论体系。高举中国特色社会主义伟大旗帜，既要在中国特色社会主义理论体系指导下坚持中国特色社会主义道路的伟大实践，又要在伟大实践中不断丰富和发展中国特色社会主义理论体系。两者紧密结合，相互促进，就能保证中国特色社会主义伟大旗帜始终高高飘扬。

三、中国特色社会主义道路的发展历程

中国特色社会主义道路是近代以来中国和世界历史发展的必然产物，是马克思主义发展史和社会主义运动史上崭新的历史性课题，是中国共产党人带领全国人民艰辛探索的社会主义实践中的伟大创造。新中国成立30年来，以毛泽东为核心的党的第一代中央领导集体对社会主义制度的自觉构建以及对中国式现代化道路的不懈求索，从政治、制度、物质等方面为中国特色社会主义道路基本特征的形成奠定坚实基础。改革开放后，我们成功开辟和推进了中国特色社会主义道路，不断赋予中国特色社会主义事业新的时代内涵，随着中国特色社会主义道路的巩固、拓展和深化，其基

本特征得以形成、丰富和拓展。

（一）正式开辟

改革开放初期，邓小平高瞻远瞩，确立了解放思想、实事求是的马克思主义思想路线，对中国特色社会主义道路作出顶层设计，提出以经济建设为中心，并逐步实现了由计划经济向社会主义市场经济的转变。事实证明，正是因为我们明确了建立社会主义市场经济体制的改革目标，中国特色社会主义道路才会越走越宽，并不断将改革开放推向前进。

1. 邓小平开辟中国特色社会主义道路的主观动因与客观依据

邓小平决定开辟中国特色社会主义道路的主要原因是中国贫穷落后的现状。"文化大革命"使中国社会动荡不安、经济下滑，1967、1968、1976年出现了经济的负增长。目睹了中国贫穷落后的现状，邓小平忧心忡忡。他指出，我们有两个特点，一是底子薄，一是科技落后。中国是世界上很贫穷的国家之一，人口多，耕地少，受教育程度低，科技水平比别人落后二三十年，甚至吃饭都成为严重问题。经过反复摸索，在调查权衡下，邓小平创造性地得出了自己的思考结论，中国要想发展，要想真正进入社会主义，就必须改革，就必须要转变以阶级斗争为纲的思想，把发展的重心放到经济建设上来。

国外的优秀经验是推动中国特色社会主义道路前行的重要因素。邓小平曾在1975年访问法国，走出国门的邓小平看到了国外先进的科学技术，看到了世界领先的现代工业，他更加深感中国的贫穷落后。出国考察让邓小平重新审视了自己对资本主义国家的认识，这促使他动员国人放弃冷战思维，逐步扭转对资本主义国家的传统认知。

邓小平深刻分析了中国的基本国情，他明确指出："社会主义本身是共产主义的初级阶段，而我们中国又处在社会主义的初级阶段，就是不发达的阶段。一切要从这个实际出发，根据这个实际来制订规划。"①邓小平对中国国情的准确认识是邓小平对中国特色社会主义道路顶层设计的基本依据。此外，邓小平还准确把握住了时代特征。他面对世界态势，高瞻远瞩地作出了当今世界的主题是和平与发展的科学论断。邓小平认为，世界大战在短时间内打不起来，中国必须紧紧抓住这一有利时机，集中精力搞经济建设。他深切指出："中国太穷，要发展自己，只有在和平的环境里才有可能。"②"我们诚心诚意地希望不发生战争，争取长时间的和平，集中精力搞好国内的四化建设。"③对时代主题的准确把握，强化了邓小平中国特色社会主义道路顶层设计的信心。

2. 奠定中国特色社会主义道路的物质基础

邓小平认识到中国要走上正确道路，必须将重心从阶级斗争转向经济发展，必须要认清社会主义本质，抓住国家的基本矛盾，构建宏观、科学的发展蓝图，才能使中国在发展的道路上逐步解决自身的各项现实问题。确立以国民经济发展为中心的指导方针，准确把握中国社会的主要矛盾。邓小平认为，中国通过社会主义改造后，资产阶级已经不再以阶级形式存在。虽然还存在阶级斗争，甚至有可能在一定情况下比较凸显，但实际上中国作为社会主义国家，主要矛盾已经从阶级斗争转变为人民日益增长的物质文化需求同落后生产力之间的矛盾。因此，就必须要以经济建设为中心，妥善运用政策，调动人民群众的生产积极性，最大限度地促进生产力的高速发展。

---

① 《邓小平文选》（第三卷），人民出版社，1993，第252页。
② 《邓小平文选》（第三卷），人民出版社，1993，第82页。
③ 《邓小平文选》（第三卷），人民出版社，1993，第57页。

3. 构建中国特色社会主义道路的最佳路径

邓小平通过对国际形势的分析，明确指出，中国的发展离不开世界，世界的发展同样离不开中国。积极运用国内国外两个市场，坚持走出去、引进来的发展政策，不断深化改革开放，才能让中国的经济真正走上高速发展的道路。

中国要实现开放，首先就必须正确处理自力更生同争取外援之间的关系。邓小平指出，自力更生是我党对发展的基本要求，是一切发展的基础，在任何情况下都不能丢掉自力更生、艰苦奋斗的优良传统，否则我们将没有能力独立应对国际上的各种挑战。但也要认识到自力更生和力争外援之间是统一的、不可分割的。中国要实现开放，必须要坚持国家公有制主体地位不动摇，打破合资坚冰。改革开放引进大量外资，这是否会改变中国的公有制主体地位，是国内关注的焦点问题。对此，邓小平强调，在改革开放的过程中，社会主义公有制仍是社会主义国家的标志。只有充分保证公有制的主体地位，才能保障国家社会主义制度不动摇。在邓小平的悉心指导下，中国掀起改革开放的滔天巨浪，这成为中国特色社会主义道路发展的又一里程碑。

4. 为中国特色社会主义道路提供政治保障

1979年3月30日，邓小平代表中共中央在北京召开的理论工作务虚会上作了题为《坚持四项基本原则》的讲话。邓小平在讲话中将中国共产党一贯强调的思想政治方面的原则，概括为"四项基本原则"，这就是"坚持社会主义道路，坚持无产阶级专政（1982年《中华人民共和国宪法》将无产阶级专政改为人民民主专政），坚持中国共产党的领导，坚持马列主义、毛泽东思想"。四项基本原则是立国之本，是我们党和国家生存发展的政治基石，为中国特色社会主义道路提供政治保障。

5. 构建中国特色社会主义道路的独有特征

多年来，一个国家到底是实际计划经济，还是市场经济，是人们界定它是社会主义国家还是资本主义国家的基本标准。对此，邓小平创造性地指出，社会主义和资本主义之间的区别，并非是计划经济和市场经济之间的区别，而是看国家主体是公有制还是私有制。资本主义也有计划，经济危机期间的罗斯福主义不就是计划吗？同样，社会主义也有市场，计划和市场都是手段。为了促进经济发展，缩短与西方资本主义国家之间的现实差距，实现社会主义现代化建设的宏伟目标，邓小平首创社会主义市场经济理论，建设经济特区。邓小平的社会主义市场经济理论，为改革开放打下了坚实的理论基础，成为构建中国特色社会主义道路的特殊部分。

6. 中国特色社会主义道路的发展成果应由人民共享

人民群众是国民经济发展和中国特色社会主义道路的实践主体，人民生活水平的提高，也是发展的目的和评价标准。邓小平始终要求中国的发展要落脚到人民生活水平的提高上，以人民利益为根本落脚点，要求政策在共同富裕的目标上包容发展的不平衡性。任何国家的发展，都不可能实现同步富裕。正如邓小平所说："九亿人口的收入平均发展是不可能的，总是有的地区先富裕起来，一个地区总有一部分人先富裕起来。"[1]人民利益为根本落脚点，促使国家逐步放宽农业政策，实现了家庭联产承包责任制的普及。邓小平认为，过去的农业政策超越了我们经济的发展阶段，它不适合中国生产力的发展水平，也必然会对农业产生破坏性影响。

以邓小平为核心的党的第二代中央领导集体，总结新中国成立以来正反两方面的教训，借鉴和吸取国际先进经验，立足于改革开放的新的伟大

―――――――――

[1]中共中央文献研究室编《邓小平思想年编（1975—1997）》，中央文献出版社，2011，第249页。

实践，为中国特色社会主义道路奠定了实事求是的思想路线，拟定了"走自己的道路，建设有中国特色社会主义"的战略思想，确立了以"一个中心，两个基本点"为核心的政治前提，提出了"三步走"的科学规划，制定了独立自主、善用外援的基本方针，论述了建设和发展的根本动力与途径，终于创造性地开辟了中国特色社会主义道路，发掘出了中国上下求索的强国之路。中国共产党将在这一基础上，承前启后，努力应对时代新课题，继续将中国特色社会主义道路推向前进。

（二）开创新局面

党的十四大开始，中国特色社会主义道路进入了全面推进的历史阶段。在以江泽民为核心的党的第三代中央领导集体的带领下，中国共产党坚持和发展了邓小平理论，逐步将社会主义市场经济体制作为经济体制改革总目标，起草了《关于建立社会主义市场经济体制若干问题的决定》，搭建起经济体制改革的总体框架，通过股份制改革与公有制为主体多种所有制共同发展进一步解决了公与私、社与资之间的关系，提出了邓小平理论的科学命题和社会主义初级阶段的基本纲领。我国的各方面体制改革，不断向更广泛、更深刻的领域推进，大大加快了我国由计划经济体制向社会主义市场经济体制转变的进程。改革的深入，极大地推动了我国经济的发展和社会的进步，我国宏观经济出现了多年未有的持续、快速、健康发展的好形势，发展成绩斐然。

党的十六大至十八大，是中国特色社会主义道路科学发展和全面推进的历史阶段。党的十六大之后，以胡锦涛为总书记的中央领导集体，在继承前人探索的基础上，应对发展中的各项问题，结合发达国家的先进经验，开始探究发展速度与发展效益问题。他们求真务实，开拓创新，大力拓展了中国特色社会主义道路。十七大之后，党为了国民经济发展需要，科学回答"实现什么样的发展、怎样发展"的时代课题，正式提出并深入贯彻实施科学发展观，进一步将中国特色社会主义道路推向前进。

（三）实现新开拓

中国特色社会主义道路，是实现社会主义现代化的必由之路，是创造人民美好生活的必由之路。党的十八大对这条道路作了进一步的界定，它包含着在中国坚持和发展社会主义的重要前提、基本路线、根本任务、总体布局和战略目标，深刻揭示了中国特色社会主义道路的本质内涵和关键要素。

十八大以来，以习近平为核心的新一代党中央始终坚持解放思想、实事求是、求真务实、与时俱进，在新的历史条件下继续探索中国特色社会主义道路，对中国特色社会主义道路作出了科学的评价和具体的规划，确立了"两个一百年"的奋斗目标、中国梦的总任务、"四个全面"的战略布局，并在此基础上形成了习近平新时代中国特色社会主义思想，将中国特色社会主义推向崭新的高度。

四、中国特色社会主义道路的重要地位

中国特色社会主义道路的形成和发展使社会主义在中国显示出前所未有的生机和活力，推动了世界和平与发展的进步事业，具有重要的时代价值和历史地位。

（一）为中华民族伟大复兴开辟了成功道路

中国特色社会主义道路是马克思主义关于人类社会发展五种形态的一般规律和东方社会理论的特殊规律在中国的集中反映，是科学社会主义与中国实际和时代特征相结合的产物，是当代马克思主义中国化的实践结晶，是中国近代以来全部历史的逻辑发展和必然结果，是在世界多样化民族发展道路中开辟出来的一条独具中国特色的新道路，开创了在一个经济文化比较落后的农业大国实现现代化的崭新模式，是最适合中国国情和时代要求的体制模式，能最大限度地解放和发展生产力，成为推动中国实现发展进步、民族伟大复兴的必由之路。中国特色社会主义道路以"一个中心两个基本点"为核心，以"五位一体"的全面建设为总体要求和基本内容，以"建设富强民主文明和谐美丽的社会主义现代化国家"为发展目标，以科学发展观为基本战略方针，以改革开放为根本动力。随着这条道路的全面展开和深入推进，全方位地激活了当代中国社会总体发展的战略格局，为当代中国社会持续发展不断地扫除障碍，充分发挥出社会主义制度的优越性，具有广阔的发展前景和重要的时代价值。

1. 最适合国情，最大限度解放和发展生产力，迅速实现现代化

历史唯物主义认为，生产力是推动一切社会发展的最终决定力量，是衡量一个社会进步与否的根本标准。十一届三中全会以后，中国共产党总结历史经验教训，反复阐述发展生产力的极端重要性。邓小平1992年初视察南方时指出："社会主义的本质，是解放生产力，发展生产力，消灭剥削，消除两极分化，最终达到共同富裕。"[1]"贫穷不是社会主义，发

---

[1] 中共中央文献研究室编《十七大以来重要文献选编》（下），中央文献出版社，2013，第636页。

展太慢也不是社会主义。"①胡锦涛在庆祝中国共产党成立90周年大会上也强调指出："我们党是以中国先进生产力的代表登上历史舞台的。党的一切奋斗,归根到底都是为了解放和发展社会生产力,不断改善人民生活。"②所以,中国特色社会主义道路最符合中国国情,能最大限度地解放和发展生产力。

中国革命和建设的实践经验告诉我们,中国国情是实现马列主义与中国革命建设实践相结合的中心环节,是制定党的路线方针政策的客观依据。认识中国国情,最重要的是认识中国社会的性质和发展阶段。我国在社会主义制度基本确立以后,由于受到传统社会主义观念和苏联模式的束缚,坚持单一的社会主义公有制,社会生产力并没有得到充分的发展。直到中国特色社会主义道路开辟以后,才能在生产力水平低、经济发展不平衡的条件下逐步建立起符合这一基本国情的基本经济制度和体制机制。在中国特色社会主义建设实践中,中国共产党人始终把解放和发展生产力作为自己重要的历史使命和中心任务,并取得了举世瞩目的辉煌成就,经济社会取得了翻天覆地的巨大进步。实践证明,中国特色社会主义道路最符合中国国情,只有中国特色社会主义道路才能最大限度地解放和发展生产力,实现社会主义现代化。

中国特色社会主义道路以经济建设为中心,以改革开放为动力,不断破除不利于生产力发展的体制机制。中国共产党人立足社会主义初级阶段的基本国情,制定并始终坚持了以经济建设为中心、坚持四项基本原则、坚持改革开放的基本路线,这就从根本上保证了不断解放和发展生产力的

---

① 《邓小平文选》(第三卷),人民出版社,1993,第255页。
② 中共中央文献研究室编《十七大以来重要文献选编》(下),中央文献出版社,2013,第445页。

正确方向。

2. 以人为本，科学发展，实现共同富裕

中国特色社会主义建设是一个全方位的动态的历史进程。它的总体布局曾由"三位一体"拓展为"四位一体"，再到"五位一体"。这反映了党对中国特色社会主义事业发展规律认识的深化。"五位一体"的总体布局，体现了中国特色社会主义的全面发展与全面进步。经济建设始终处于中心地位，提供物质基础；发展社会主义民主政治是我们党始终不渝的奋斗目标，提供政治保障；文化建设是提高国家综合国力的重要因素，提供精神动力和智力支持；社会和谐是中国特色社会主义的本质属性，提供有利的社会环境和条件；生态文明建设是实现人与自然和谐发展的必然要求，是关系中华民族永续发展的根本大计。五项建设各自在中国特色社会主义事业总体布局中发挥独特的不可替代的作用，同时五者之间又是相互依存、相互促进的辩证关系，形成"五位一体"协调发展的整体格局，充分体现了中国特色社会主义道路全面发展、协调发展、持续发展的目标追求。

中国特色社会主义道路以广大人民的利益为出发点和落脚点，大力发展改善民生的社会事业，通过先富带后富逐步实现共同富裕。邓小平特别注意强调共同富裕，指出："社会主义的目的就是要全国人民共同富裕，不是两极分化。如果我们的政策导致两极分化，我们就失败了；如果产生了什么新的资产阶级，那我们就真是走了邪路了。"[①]在当代中国坚持中国特色社会主义道路，实际上就是坚持走中国人民共同富裕的道路，这是社会主义区别于资本主义本质的规定，是社会主义的真谛之所在。它具体

---

① 《邓小平文选》（第三卷），人民出版社，1993，第110—111页。

体现为三个方面：

一是中国共产党领导下的人民民主专政，坚持党的领导、人民当家作主、依法治国有机统一，发展民主政治，这就能够保证让权为民所用、情为民所系、利为民所谋。

二是以人为本的科学发展，在科学发展观的指引下，继续深化改革扩大开放，加快转变经济发展方式，建设资源节约型、环境友好型社会。注重以人为本，推进社会建设，加强社会管理，保障和改善民生，正确处理新问题新矛盾，提高人民幸福感，这就能够让人民过上殷实富足的美好生活。

三是以社会主义核心价值体系为文化发展之魂，用社会主义核心价值体系引领多样化社会思潮，坚持中国特色社会主义文化发展道路，深化文化体制改革，推动社会主义文化大发展大繁荣，这就能够更好保障人民基本文化权益，使人民享有健康丰富的精神文化生活。

中国的共同富裕政策为国际社会作出了突出贡献，据国家统计局发布的《中华人民共和国2017年国民经济和社会发展统计公报》显示，2017年年末，我国农村贫困人口3046万人，比上年末减少1289万人；贫困发生率3.1%，比上年下降1.4个百分点。贫困地区农村居民人均可支配收入9377元，比上年增长10.5%，扣除价格因素，实际增长9.1%。[1]中国在实现共同富裕的过程中走了一条与资本主义国家完全不同的道路，中国通过政策调节，鼓励每一个人通过劳动致富，调动每一个人为实现幸福生活而努力工作，而不是像西方发达国家那样，简单地通过高税收为一群无业可就的或有业不就的人来单纯地提供高福利，使他们成为社会的寄生虫。而在我们

---

①参见《中华人民共和国2017年国民经济和社会发展统计公报》，国家统计局，2018年2月28日。

国家则是最大限度地调动每一个人的积极性，形成促进和谐人人有责、和谐社会人人共享的良好局面。这就是社会主义制度的巨大优越性，在中国先富可以帮助后富来实现共同富裕，可以通过政策杠杆做到人尽其才、物尽其用，使发展的成果惠及广大人民。当然，中国也不反对基本的社会保障，而且积极地探索通过建立中国特色的社会保障体系做到鳏寡孤独废疾者皆有所养，但是其实质已经与资本主义的做法截然不同。2005年3月，联合国副秘书长、联合国开发署副署长泽菲林·迪亚布雷在中国发展高层论坛上发表演讲指出："中国经济的迅速发展使千百万人摆脱了贫困，在扶贫和社会进步方面取得了空前的成就。中国还注重人的发展，提出了建设社会主义和谐社会，全世界许多国家认为中国是消除贫困和落后的典范。"[1]

3. 中国特色社会主义道路使中国取得辉煌成就

改革开放以来，我们党力排来自各方面的干扰，战胜了来自政治、经济、社会领域和自然界的各种困难和挑战，不断解放和发展社会生产力，促进中国实现了历史性的跨越，各项事业取得的举世瞩目的伟大成就，胜利实现了中国共产党领导下的第二次历史性巨变。经济上实现了从高度集中的计划经济体制到充满活力的社会主义市场经济体制、从封闭半封闭到全方位开放的伟大历史性跨越；尤其是党的十八大以来，我国"经济保持中高速增长，在世界主要国家中名列前茅，国内生产总值从五十四亿元增长到八十万亿元，稳居世界第二，对世界经济增长贡献率超过百分之三十"[2]；人民生活水平从贫穷达到基本小康，从1978年到2017年，全国

---

[1]徐崇温：《中国特色社会主义道路的世界意义》，《中国特色社会主义研究》2009年第4期，第4—11页。

[2]习近平：《决胜全面建成小康社会　夺取新时代中国特色社会主义伟大胜利——在中国共产党第十九次全国代表大会上的报告》，人民出版社，2017，第3页。

城镇年人均可支配收入由343元增加到36000多元，农村居民年人均纯收入由134元增加到13400多元；[①]综合国力居世界前列，国际地位举足轻重，成为有世界影响力的大国；生态建设与自然环境保护态势良好，全面建设小康社会取得重大进展。总之，中国特色社会主义道路让国家更加富强、人民更加幸福、社会更加和谐，让一个落后的农业国阔步走向社会主义工业国、稳步走向现代化、大步走向民族伟大复兴。

当然，在中国特色社会主义事业迅猛发展的同时，也不可避免地出现了一些阶段性特征和需要进一步解决的艰难复杂的问题，诸如社会主义市场经济体制建设、防止贫富差距悬殊以避免两极分化、城乡统筹和二元结构、保障人民当家作主、发展中国特色社会主义文化、扩大对外开放、党长期执政并执好政，等等，需要党和政府高度重视并妥善解决。

综上所述，始终不渝地坚持走中国特色社会主义道路，是历史的选择、人民的选择、时代的选择。两条中国特色道路从根本上改变了中国人民和中华民族的前途命运。当代中国进入了全面建设小康社会的关键时期和深化改革开放、加快转变经济发展方式的攻坚时期，我们无论是面对风云变幻的世界政治经济格局、全球金融危机，还是面对我国转型期凸显的新矛盾新问题；无论是面对世界社会主义遭受严重曲折的现实情况，还是面对艰巨繁重的国内改革稳定发展任务；无论是面对西方敌对势力的思想意识形态渗透，还是面对国内社会思想多元化的趋势。只要认清这个必然的历史逻辑，牢牢把握这个历史规律，坚定不移地走中国特色社会主义道路，就一定能够战胜各种艰难险阻，推进中国特色社会主义伟大事业更好更快地发展，早日实现中华民族伟大复兴。

---

①参见《工农各业稳增长 居民增收步伐快》，《经济日报》2018年1月19日第6版。

（二）为第三世界蹚出了一条新路

1974年，毛泽东在会见赞比亚总统卡翁达时，根据当时世界各国军事和经济发展状况，把世界上的国家划分为"三个世界"。1974年，邓小平在联合国大会特别会议上阐发了三个世界的理论，得到了世界各国的高度认同。

作为第三世界的发展中国家，普遍遇到两个最为重要的任务，一个是发展经济，一个是摆脱贫困。有的人可能会说，发展经济和摆脱贫困实际上是一个问题，这是不全面的。这里面所说的贫困既指一个国家的富裕状况，也指广大群众的富裕状况。现实当中的确有好多国家经济发展了，可是大多数人却没有摆脱贫困，主要原因是两极分化情况严重，穷的越来越穷，富的越来越富。所以中国在发展经济的同时，特别关注了共同富裕的问题，这也是第三世界在发展经济、摆脱贫困方面所要学习和借鉴的。结合第三世界国家的共同特点，中国特色社会主义道路主要在三个方面为第三世界国家提供了经验借鉴。

1. 中国为第三世界国家开创了对内改革和对外开放相结合的现代化道路

中国等第三世界国家现代化的基本类型是"后发外生型"，客观要求以解放思想为先导，实现体制机制的破旧立新和彻底转型，坚持对内改革和对外开放相结合，走赶超型的现代化道路。"后发外生型"是针对"早发内生型"而言的，是指那些国家自身缺乏现代化因素积累，面临外部刺激、挑战被迫作出回应的"赶超型现代化"，整个现代化过程不可能像"早发内生型"现代化国家那样自发从容地进行。"后发外生型"现代化国家在走向现代化的过程中不可避免地会出现一些问题。这些问题现象可以归为四类，一是错位现象，二是失衡现象，三是畸变现象，四是两难现象。"错位现象"表现为很多种情况，比较突出的有以下三种：一是由于现代化的进程过快，导致传统因素的瓦解与现代因素的成长之间缺乏逻辑的衔接性，从而出现了现代与传统的冲突问题；二是社会现代化过程中层出不穷的新问题、新任务同正在形成的解决问题的能力之间存在着错位，出现了老办法不管用、新办法不会用的问题；三是"示范效应"与不正常的超前现象之间的错位。"失衡现象"最为突出和典型的表现是广大后发国家中二元经济和社会结构的存在。"畸变现象"是指在现代化过程中，会出现一些与现代性因素极为相像，但在实质上却与现代化的要求背道而驰的现象。"两难窘境"在经济、政治和文化三个方面均有表现："在经济上表现为既要解决贫困又要增强国力的矛盾，在政治上表现为既要强化政府的能力，稳定政治秩序又要推进政治民主化的矛盾，在文化上表现为现代化进程既不可避免地导致对传统文化的破坏，在现代化动员中，领导者又必须利用传统文化具有的社会功能。"①这些问题是发展中国家在现代化进程中普遍遇到的共性问题，要应对这些问题，就要解放思想，从体制机制改革入手，为现代化创造必要的前提条件。邓小平指出："我们搞四个现代化，不开动脑筋，不解放思想不行。什么叫解放思想？我们讲解放思想，是指在马克思主义指导下打破习惯势力和主观偏见的束缚，研究新情况，解决新问题。"②习惯势力和主观偏见是中国走向现代化的主要障碍，作为它们的具体表现形式而出现的旧的体制机制，更是把这些落后的东西常态化，要想突破这些障碍，开辟新的局面，必须对旧的体制机制进行改革。在中国，我们首先是对经济体制进行了改革，在农村取消人民

---

① 孙立平：《后发外生型现代化研究论纲》，《社会科学研究》1990年第6期。
② 《邓小平文选》（第二卷），人民出版社，1994，第279页。

公社制，实行家庭联产承包制，在城市取消旧的企业管理机制，实行现代企业制度，经过改革，实现了由计划经济体制向社会主义市场经济体制的彻底转变；其次是对政治体制进行改革，大力推进民主法制建设，废除领导干部终身制，加强党内民主建设，实行依法治国；第三是对文化体制、社会体制等进行改革，建立与社会主义现代化建设相适应的文化和社会机制。当然在改革的过程中，经济、政治、文化、社会建设的体制机制改革是有顺序、有步骤地进行的，并不是同时摊开、齐头并进，这样就确保了一段时期内集中力量解决最为突出的问题，保证了改革的可持续推进。

同中国一样，很多发展中国家都经历了殖民地半殖民地发展阶段，为了给现代化建设扫清障碍，首先要完成民族独立的历史任务，为了实现民族独立，要进行长达几十年甚至上百年的斗争，整个国家在动荡中积贫积弱。当这些国家启动现代化建设之时，它们普遍遇到的情况是发达资本主义国家已经完成了现代化建设，在经济社会建设方面都已经走向成熟并处于领先地位。发展中国家必须正视这个现实并作出积极的应对。首先，正确认识发达资本主义国家创造的现代文明成果，这些文明成果并不会因为是资本主义国家创造的就贴上资本主义的标签，为其所独占独有，而是为全人类所共享共有。这样，就解决了向资本主义学习的思想认识问题。其次，正确处理对内改革和对外开放的关系。所有国家的现代化都要首先眼光向内，把自己的事情办好。第三，要探索形成适合本国国情的现代化道路。每个国家和地区都有自身独特的文化背景和资源禀赋，要从自身的国情和实际出发去思考如何走向现代化，而不是照抄照搬现成的经验。

2. 中国为第三世界国家正确处理好改革、发展、稳定关系提供经验

同中国的经历相似，一些第三世界国家在迈向现代化的过程中也不断面对凸显出来的新问题和新矛盾，需要客观处理好改革、发展、稳定的关

系。根据国际经验，人均国内生产总值从1000美元到3000美元这一过程是一个国家发展的关键阶段。我国在2003年人均国内生产总值突破了1000美元，2017年我国人均国内生产总值已达到8665美元（人民币59660元）。[①]我们处理这些问题的主要做法有三个：第一，抓住机遇，加快发展，通过发展来解决发展中遇到的问题；第二，应对挑战，规避风险，着力解决好影响发展的突出矛盾和问题；第三，综合平衡，统筹兼顾，全力以赴实现小康社会建设的阶段性奋斗目标。这三方面做法的基本经验可以概括为一条，就是综合考虑改革的力度、发展的速度和人民可承受的程度，成功地处理好改革、发展、稳定的关系。改革是动力，发展是目的，稳定是前提。把不断改善人民生活作为处理改革发展稳定关系的重要结合点，既坚持稳定压倒一切的方针，又通过改革促进社会不断发展。这里面最为核心和关键的问题是稳定。社会动荡是第三世界国家发展的最大风险。经济危机、政治变革、文化交锋、社会问题都有可能成为不稳定因素。在发展过程中必须密切关注，见微知著，防患未然，坚持稳定压倒一切，以此来维持安定团结的大好局面。中国特色社会主义道路为第三世界国家正确处理好改革、发展、稳定关系提供经验。

3. 中国特色社会主义道路丰富了世界发展模式

1984年2月，邓小平在会见外国朋友时指出："世界上有许多争端，总要找个解决问题的出路。我多年来一直在想，找个什么办法，不用战争手段而用和平方式，来解决这种问题。"[②]中国秉持和平主义的宗旨，本着永不称霸、决不当头的基本原则，集中精力办好自己的事，始终把解放

①参见《中华人民共和国2017年国民经济和社会发展统计公报》，国家统计局，2018年2月28日。

②《邓小平文选》（第三卷），人民出版社，1993，第49页。

和发展生产力、建设富强民主文明和谐美丽的社会主义现代化强国作为第一要务。在国际上以和平共处为基础处理好与世界各国的关系，为中国特色社会主义现代化建设争取到和平的国际环境。

世界上每个国家都有各自不同的国情，都有属于自己的发展模式。国际上对中国发展道路或"中国模式"的关注自20世纪90年代初期苏东剧变之后就已经开始了，此后"流行"的"中国崩溃论""中国威胁论"虽然同属于无稽之谈，但是从一个侧面反映出国际社会对中国发展的高度关注。2004年5月11日，英国著名思想库伦敦外交政策中心发表了乔舒亚·库玻·雷默的《北京共识》一文，明确提出了"中国模式"的概念。他指出，虽然目前在中国关于"中国模式"的提法还没有在党和国家领导人的讲话中出现，对于它的研究多见诸学术界，但是"中国模式"毕竟是对中国道路发展阶段特征的理论概括，虽然它不可能穷尽中国道路的全部内容，但是从"中国模式"的内涵来看，它已经表达了学术界对中国改革开放发展道路在国际上的层次定位，这一发展模式取得了举世瞩目的成就，全面提高了中国的国际地位，也不断提高了中国共产党的执政能力。这一发展模式丰富了世界上发展模式的种类，既对社会主义国家如何坚持和发展马克思主义、如何建设社会主义、如何加强党的建设提供了模式参考，也对第三世界发展中国家如何发展经济、摆脱贫困、实现现代化提供了经验借鉴，这是中国对当今世界的重大贡献。

（三）为国际共产主义运动注入了生机与活力

20世纪80年代末90年代初，苏联解体，东欧剧变，社会主义国家的数量由原来的15个锐减为5个，也就是中国、越南、朝鲜、古巴、老挝，纵观这几个社会主义国家的经济社会发展情况，与当代发达资本主义国家都存在一定的距离。世界范围内社会主义运动步入了低谷，中国特色社会主义道路的巨大成功为步入低谷的国际共产主义运动注入生机与活力。

1. 中国特色社会主义道路是紧密结合中国国情的社会主义建设新路

中国特色社会主义道路的伟大成功启示所有社会主义国家必须超越传统社会主义道路，紧密结合本国的具体国情，走出全新的社会主义建设新路。苏联是世界上第一个社会主义国家，苏联模式成为世界上第一个实现了的社会主义模式。新中国成立后，毛泽东明确地提出了"另起炉灶""一边倒""打扫干净屋子再请客"的外交方针，明确地加入了世界社会主义阵营。中国共产党领导中国人民以苏联为样板建立起中国社会主义体制。正如毛泽东所指出的："苏联共产党就是我们的最好的先生"，要"恭恭敬敬地学，老老实实地学"。① 苏共二十大之后，中国共产党人开始重新考虑中国的社会主义体制问题，1956 年毛泽东在《论十大关系》中明确地提出"以苏为鉴"。尽管毛泽东明确地看到了苏联社会主义建设的诸多弊端并力图有所超越，但是由于国内外、党内外种种复杂因素的交互作用，本来是想突破僵化、过时的苏联社会主义模式，结果是深陷于其中不能自拔。从新中国成立到 1978 年十一届三中全会之前这 30 年，中国的社会一直是传统社会主义模式，由于单纯追求"一大二公"，建设"纯而又纯"的社会主义，结果使经济建设和社会生活都陷入了困境，不进行改革和创新已经很难体现出社会主义制度的优越性。正是在这样的历史背景下，邓小平提出重新思考什么是社会主义、怎样建设社会主义的问题，并明确指出要结合中国的实际，走自己的道路，这就是中国特色社会主义道路。

那么中国特色社会主义究竟有哪些特殊性呢？它与传统社会主义又

---

① 《毛泽东选集》（第四卷），人民出版社，1991，第1481页。

有什么区别呢？有学者指出："中国特色社会主义的特殊性，主要不在于它具有中国独有的民族特色，而在于它是一种特殊历史形态的社会主义，走了一条特殊发展道路。""中国特色社会主义和传统社会主义产生于相同的经济条件，而它的前身就是传统社会主义；但二者又有重大区别。""这种区别不是来自客观的经济条件，而是来自发展道路的选择。传统社会主义的发展道路，在很大程度上脱离了现实的经济条件，力图超越必经的发展阶段，因而必然是不可持续的。"①把中国特色社会主义与传统社会主义的区别归结为发展道路的不同，这是非常正确和深刻的。传统社会主义道路实行计划经济，完全排斥私有制、雇佣劳动、商品生产和市场调节；中国特色社会主义道路则实行社会主义市场经济，把多种所有制形式和多种生产方式并存、商品生产、市场经济看作是不可逾越的。这样相对于传统社会主义而言，中国特色社会主义就实现了两个转变：一是从以阶级斗争为纲转向以经济建设为中心，二是从计划经济体制转向市场经济体制。这就是两条道路之间质的差异。

正是因为中国自从1978年开始走了一条与传统社会主义道路完全不同的中国特色社会主义道路，才使得中国在苏东剧变的历史关头顶住了来自国际和国内的巨大压力，在风云变幻的国际社会稳住阵脚，高高擎起马克思主义和社会主义的旗帜，在国际共产主义运动遭受巨大挫折的情况下，走出一条坚持和发展马克思主义的新路。从这个视角观察，中国特色社会主义的成功不单单是中国的事情。正如邓小平所指出的："坚持社会主义，是中国一个很重要的问题。如果十亿人的中国走资本主义道路，对世界是个灾难，是把历史拉向后退，要倒退好多年。"②"只要中国社

---

① 陈文通：《论中国特色社会主义的特殊性》，《科学社会主义》2009年第1期。
② 《邓小平文选》（第三卷），人民出版社，1993，第158页。

主义不倒，社会主义在世界将始终站得住。"①苏联解体后，西方国家一直期待中国成为第二个苏联，可是回应他们的却是中国特色社会主义的崛起。中国坚持和发展社会主义的做法不但令世界瞩目，即使在原苏东国家也得到了高度评价。俄罗斯科学院院士季塔连科说："在社会主义处于深刻危机和战略撤退的情况下，中国共产党承担了按照时代的要求和新的历史机遇保留并发展社会主义的任务。邓小平提出的建设中国特色社会主义理论，避免了社会主义被撤出历史舞台的危险。"②

2. 中国特色社会主义道路为马克思主义和社会主义注入勃勃生机

社会主义建设过程必须是在坚持马克思主义和社会主义的基础上，实现继承与创新相结合，使马克思主义与本国实际相结合，不断用发展和创新为马克思主义和社会主义注入勃勃生机。马克思主义是世界社会主义运动的理论基础，正是因为马克思恩格斯创立了科学社会主义理论，才使得社会主义由空想变为科学。它的生命力在于在实践中不断发展和完善。"所谓'社会主义社会'不是一种一成不变的东西，而应当和任何其他社会制度一样，把它看成是经常变化和改革的社会。"③这一点不仅为科学社会主义百余年来的实践历程所证明，而且在马克思、恩格斯在世的时候就已经作出了明确的深入阐发。

马克思主义和社会主义的生机和活力的基础在于实现继承与创新的内在统一。毛泽东指出："马克思活着的时候，不能将后来出现的所有的问题都看到，也就不能在那时把所有的这些问题都加以解决。"④邓小平也说："绝不能要求马克思为解决他去世之后上百年、几百年所产生的问

---

① 《邓小平文选》（第三卷），人民出版社，1993，第346页。
② 徐崇温：《中国特色社会主义道路的世界意义》，《中国特色社会主义研究》2009年第4期。
③ 《马克思恩格斯全集》（第三十七卷），人民出版社，1971，第443页。
④ 《毛泽东文集》（第八卷），人民出版社，1999，第5页。

题提供现成答案。列宁同样也不能承担为他去世以后五十年、一百年所产生的问题提供现成答案的任务。真正的马克思列宁主义者必须根据现在的情况，认识、继承和发展马克思列宁主义。"[1]江泽民指出："马克思列宁主义、毛泽东思想一定不能丢，丢了就丧失根本。同时一定要以我国改革开放和现代化建设的实际问题、以我们正在做的事情为中心，着眼于马克思主义理论的运用，着眼于对实际问题的理论思考，着眼于新的实践和新的发展。离开本国实际和时代发展来谈马克思主义，没有意义。静止地孤立地研究马克思主义，把马克思主义同它在现实生活中的生动发展割裂开来、对立起来，没有出路。"[2]这些论述科学地阐述了继承与创新的关系：继承是前提，创新是目的。不继承就谈不上马克思主义，不创新就无法解决实际问题。只有实现二者的结合，才能既不迷失方向又不停滞不前，不断开创马克思主义的新境界。

马克思主义和社会主义的生机和活力具体体现在用马克思主义具体地指导本国革命和建设的伟大实践。马克思主义被各国人民所接受，并不是因为马克思恩格斯本人是什么圣人先哲，而是因为它满足了各国人民革命和建设伟大实践的需要，如果不能满足这种需要，再好的理论也没有任何实际的意义。在实践的过程中就产生了如何对待马克思主义的问题。教条主义者只知道照抄照搬马克思主义的原文却不得其精神实质和理论精髓，当理论与现实的实践发生矛盾时，不是去理性地审视在彼时彼地得出的结论的局限性，而是剪裁现实以适应理论的需要，结果造成了实践的失败。真正的马克思主义者则是在马克思主义立场、观点和方法的科学指导下，结合本国的国情、世情、党情的现实变化情况，创造性地实现马克思主义

---

① 《邓小平文选》（第三卷），人民出版社，1993，第291页。
② 《江泽民文选》（第二卷），人民出版社，2006，第12页。

的民族化、时代化和大众化，以发展着的马克思主义指导革命和建设的伟大实践。

3. 中国特色社会主义道路为当代世界社会主义国家发展提供有益借鉴

"当今世界上有195个国家，大体上可以分为四类：第一类是共产党长期执政的社会主义国家，现有5个；第二类是发达资本主义国家，大约有30个；第三类是发展中资本主义国家，大约130个；最后一类是苏联东欧地区国家28个。当今除了5个社会主义国家由共产党长期执政之外，还有3个资本主义国家的共产党通过议会民主选举取得了执政地位。这三个国家就是摩尔多瓦、塞浦路斯和尼泊尔。"①由这个统计数字可以看出，单纯从数量上来讲，社会主义国家属于少数。当今世界，经济全球化已经成为大的发展趋势，每一个国家的前途命运都与世界的前途命运紧密地联系在一起，在这样一个开放的世界想要关起门来搞建设已经成为空想。在这种情况下，社会主义国家要想获得发展，必须处理好与资本主义国家的关系。正如邓小平所指出的："社会主义要赢得与资本主义相比较的优势，就必须大胆吸收和借鉴人类社会创造的一切文明成果，吸收和借鉴当今世界各国包括资本主义发达国家的一切反映现代社会化生产规律的先进经营方式、管理方法。"②之所以要这样，是因为"资本主义已经有了几百年历史，各国人民在资本主义制度下所发展的科学和技术，所积累的各种有益的知识和经验，都是我们必须继承和学习的"③。"技术问题是科学，生产管理是科学，在任何社会，对任何国家都是有用的。我们学习先

①高放：《社会主义模式的反思与展望》，《理论视野》2009年第7期。
②《邓小平文选》（第三卷），人民出版社，1993，第373页。
③《邓小平文选》（第二卷），人民出版社，1994，第167—168页。

进的技术、先进的科学、先进的管理来为社会主义服务，而这些东西本身并没有阶级性。"[1]这些思想为我们揭示了科学的资本主义观，看到了资本主义发展的历史进步性，超越了仅仅用政治标准看待资本主义的片面观点，使我们理性地认识到社会主义与资本主义的关系不只是对抗的，还有继承的一面。社会主义只有在资本主义高度发展的基础上才能够拥有自身存在的物质基础，所以在社会主义国家，不是立即消灭一切资本主义因素，而是要充分利用资本主义的合理因素去发展经济促进生产。这就决定了在当今世界社会主义国家要与资本主义各国政治上相互尊重、平等协商，经济上相互合作、优势互补，文化上相互借鉴、求同存异，安全上相互信任、加强合作，环保上相互帮助、协力推进，在发达资本主义国家占优势的世界秩序中实现自己的发展目标。

---

[1]《邓小平文选》（第二卷），人民出版社，1993，第351页。

第三章
中国特色社会主义理论体系

中国特色社会主义理论体系是对马克思列宁主义、毛泽东思想的继承和发展，是被实践证明了的关于在中国建设、巩固和发展社会主义的正确的理论原则和经验总结，是中国共产党集体智慧的结晶。它是中国共产党的指导思想的重要内容，是建设和发展中国特色社会主义的行动指南。

一、中国特色社会主义理论体系的形成发展

中国特色社会主义理论体系，是在和平与发展成为时代主题的历史条件下，在我国改革开放和社会主义现代化建设的伟大实践中，在总结我国社会主义建设正反两方面历史经验和改革开放以来新鲜经验，并汲取其他社会主义国家兴衰成败经验教训的基础上，逐步形成和发展起来的，是马克思主义中国化的第二次历史性飞跃。要想深刻理解中国特色社会主义理论体系及其基本精神，首先就需要了解其形成和发展的条件。

（一）形成发展条件

1. 思想来源

马克思列宁主义、毛泽东思想、中国优秀传统文化和当代人类一切文明进步的理论成果，是中国特色社会主义理论体系的思想来源。

（1）马克思列宁主义是理论基础

"马克思、恩格斯在创立科学社会主义理论，揭示社会主义代替资本主义是历史发展必然规律的基础上，通过对当时资本主义社会经济、政治状况的透视和剖析，从逻辑上对未来社会作出了一系列推测和设想。这些科学设想，为后来社会主义制度的建立和发展提供了重要的思想先导。"[1]中国特色社会主义理论体系是科学社会主义基本原则与中国实际结合的产物。这一思想是对科学社会主义基本原则的继承和发展。科学社会主义的基本原则主要有以下内容："社会主义社会要坚持人的全面自由发展，要为社会最大多数人谋利益；社会主义要建立在比资本主义更高的社会生产力发展基础之上；社会主义社会必须实行生产资料公有制；社会主义社会要塑造高尚的道德情操与和谐的社会关系；社会主义社会要在不断变革中向前推进和发展；必须把社会主义置于现实的基础之上，社会主义才能成为科学。"[2]

中国特色社会主义理论体系既坚持了科学社会主义的基本原则，又在当代中国的实践中赋予其鲜明的中国特色。第一，中国特色社会主义坚持了科学社会主义人的全面自由发展和为绝大多数人谋利益的基本原则。第二，中国特色社会主义以经济建设为中心，坚持科学社会主义要大力发展

---

①田克勤等：《中国特色社会主义理论体系新论》，人民出版社，2016，第2页。
②牛先锋：《中国特色社会主义理论体系的理论依据》，《科学社会主义》2008年第2期。

社会生产力的基本原则。第三，中国特色社会主义的基本经济制度坚持了科学社会主义的生产资料公有制的基本原则。第四，中国特色社会主义坚持社会主义文化和社会主义核心价值观是与科学社会主义所要求的高尚道德情操基本原则相统一的。第五，中国特色社会主义坚持改革开放是对科学社会主义的社会不断变革的基本原则的遵循。第六，中国特色社会主义坚持在实践中认识和发展社会主义，这是对科学社会主义强调的把社会主义置于现实基础之上原则的坚持和发展。

由此可见，中国特色社会主义理论体系是以科学社会主义基本原则为直接理论依据的，并在对科学社会主义基本原则的坚持的前提下，根据中国社会主义建设的实践，赋予其鲜明的中国特色。

20世纪初，列宁开始探索如何在经济文化相对落后的俄国建设社会主义的问题，提出了一系列新的思想和观点。首先，列宁提出了社会主义最根本的任务是大力提高社会生产力。其次，列宁在对从农村到城市经济政策的重大调整中，提出了新的建设社会主义经济的理论和政策。第三，列宁提出了加强社会主义文化建设的任务。第四，列宁主张社会主义国家应该利用资本主义国家之间的对立和矛盾，在维护国家主权与根本利益的基础上，奉行独立自主的和平外交政策，同所有资本主义国家建立贸易关系，开展正常的经贸往来。第五，列宁提出了加强社会主义政治建设的新观点。

列宁的这些思想构成了经济文化落后国家建设社会主义的一整套丰富理论，不仅丰富和发展了马克思主义，也对后来经济文化落后国家进行社会主义建设具有普遍的指导意义，为中国特色社会主义理论体系提供了重要的理论来源。中国特色社会主义理论体系中的社会主义市场经济理论、改革开放理论、社会主义民主政治建设理论、社会主义文化建设理论等，都继承和发展了列宁的社会主义建设理论。

（2）毛泽东思想是直接理论来源

毛泽东思想是在马克思列宁主义的基础上，结合中国革命和建设的正确理论原则和经验最终形成的。毛泽东思想的基本理论和基本思想是中国特色社会主义理论体系的直接来源和中国特色社会主义建设的思想先导。

第一，倡导和坚持马克思主义普遍真理同中国具体实际相结合，把马克思主义中国化。第二，强调不照搬苏联模式，提出"走自己的路"。第三，鉴于苏联社会主义建设的失误，中国共产党在经济、政治、科学、文化建设方面，另辟蹊径，采取了一套有别于苏联的新的做法，为后来建设中国特色社会主义的理论与实践准备了有价值的思想材料和经验。第四，创立社会主义社会矛盾的学说，为巩固、发展和完善社会主义制度奠定理论基础。

毛泽东的贡献是多方面的，影响也是极其深远的。可以说，如果没有以毛泽东为核心的党的第一代中央领导集体，以及在其领导下的全党和全国人民对马克思主义中国化，特别是对社会主义建设实践的探索，当然就不会有社会主义现代化的新中国，也不会有以其为基础的中国特色社会主义理论体系的形成和发展，更不会有中国特色社会主义实践的伟大成功。毛泽东关于中国社会主义革命和建设实践的探索，构成了中国特色社会主义理论体系的直接思想渊源。

（3）中华优秀传统文化提供了丰富的思想养料

中华优秀的传统文化博大精深、源远流长。中国特色社会主义理论体系是马克思主义理论与当代中国实际和传统文化相结合的产物。在马克思主义的指导下，中国特色社会主义文化汲取了中华优秀传统文化的养料，同时也赋予其时代意义。

首先，中国特色社会主义理论体系中的"全面建成小康社会"和中国梦的奋斗目标是对传统的"小康"社会和大同理想的继承和超越。第二，中国特色社会主义理论体系中的"依法治国"和"以德治国"相结合的思想是对传统的"礼法结合、德刑相参"思想的继承和超越。第三，中国特色社会主义理论体系中的"以人民为中心"思想是对传统民本思想的继承和超越。第四，中国特色社会主义理论体系中的"和谐社会"、"和谐世界"、人类命运共同体思想是对传统"和"文化的继承和超越。第五，中国特色社会主义理论体系中的谋篇布局方面的理论是对朴素的整体观的继承和超越。第六，中国特色社会主义理论体系中的社会主义生态文明思想是对传统"天人合一"思想的继承和超越。

2. 实践基础

中国特色社会主义理论体系是新中国成立以来，在改革开放和现代化建设的伟大实践基础上，是在总结我国社会主义胜利和挫折的历史经验并借鉴其他国家社会主义兴衰成败历史经验的基础上，逐步形成和发展起来的。

（1）中国特色社会主义理论体系是对我国建设社会主义正反两方面经验进行认真总结的成果

中国特色社会主义理论体系，是我们党在认真总结和汲取我国社会主义发展的历史经验基础上形成和发展的。一是开始摆脱苏联模式的束缚，独立自主地探索适合中国国情的社会主义建设道路。二是建立了比较完整的国民经济体系，工农业生产都得到了较大幅度的发展。三是教育和科技事业取得巨大进步。第四，国防建设取得巨大进展。

（2）中国特色社会主义理论体系也是认真借鉴其他国家社会主义兴衰成败经验教训的成果

在改革开放和社会主义现代化建设进程中，我们党认真汲取其他国家特别是苏联、东欧等社会主义国家的经验教训，为更好地发展中国特色社会主义提供了重要借鉴。

一是必须注重发展经济，努力改善和提高人民生活。苏东国家虽然在经济建设方面曾经取得过巨大成就，但到20世纪70年代中期以后，苏东国家的经济发展缓慢，经济效益较差，人民群众的生活水平提高速度缓慢甚至有所下降，引起人民群众的不满。社会主义优越性体现不出来，人民也就不会拥护社会主义。这是苏东剧变的一个深刻教训。

二是要搞好党的建设，巩固社会主义事业的领导核心。共产党是社会主义事业的领导核心，是决定社会主义革命和建设成败的关键因素。然而，苏东国家执政的共产党在相当长的时期里，思想混乱，组织涣散，民主监督机制不健全，官僚主义十分盛行，特权腐败现象不断滋生，严重脱离群众，造成诸多不良影响。

三是要在改革中坚持正确的路线方针政策。路线方针政策正确与否，是关系到共产党生死存亡和社会主义事业兴衰成败的重大问题。苏联解体是从苏联共产党的路线方针政策的逆转开始的，戈尔巴乔夫错误地提出了改革"新思维"和"人道的、民主的社会主义"理论纲领和路线，最终背离了马克思主义和社会主义道路。

四是始终重视意识形态领域的斗争。在阶级社会里，统治阶级的意识形态是该社会思想文化的理论基础和核心内容，规定着国家的性质和发展方向。在苏东剧变中，意识形态的动摇起到了重要作用。苏东意识形态演变的教训说明，社会主义国家必须重视思想政治工作，积极有效地开展意识形态领域的斗争。社会主义、无产阶级思想不去占领思想文化阵地，资本主义的、资产阶级的思想就会去占领。

五是坚决抵制西方的"和平演变"。在苏东剧变中，西方的"和平演变"战略起了重要作用。因此对于社会主义来说，反"和平演变"必然是一项重大的战略任务。

（3）中国特色社会主义理论体系是对我国改革开放和社会主义现代化建设实践经验进行科学总结的成果

改革开放以来，我们党坚持解放思想和实事求是的统一，大力发扬求真务实精神，不断推进实践基础上的理论创新，回答了一系列重大理论和实际问题，形成和发展了中国特色社会主义理论体系。

科学判断和始终立足社会主义初级阶段的基本国情，是中国特色社会主义理论体系的立论基础。准确把握我国社会主义所处的历史方位和发展阶段，是我们党推进理论创新，制定正确的路线、方针、政策的根本出发点。党的十九大指出，我国社会主要矛盾发生的变化，没有改变我们对我国社会主义所处历史阶段的判断，我国仍处于并长期处于社会主义初级阶段的基本国情没有变。中国特色社会主义理论体系之所以正确，之所以能够指引改革开放伟大实践，归根结底就是因为它牢牢立足于这一基本国情的基础之上。

3. 时代背景

邓小平曾指出："现在世界上真正大的问题，带全球性的战略问题，一个是和平问题，一个是经济问题或者说发展问题。"[1]这是中国进行社会主义现代化建设所面临的国际环境，也是中国特色社会主义理论体系形成的国际背景。我们党历来善于把握时代的基本特征，并根据时代特点，把马克思主义的基本原理和我国的具体实际相结合，制定正确的战略和方针、政策。我国是一个快速发展的社会主义国家，也是世界上最大的发展

---

① 《邓小平文选》（第三卷），人民出版社，1993，第105页。

中国家，长期面临着西方国家的巨大政治压力和经济压力，面对着解放和发展社会生产力、增强综合国力、改善人民生活的繁重任务，解决好发展问题尤为紧迫。我们需要一个较长时期和平的国际环境，没有一个较长时期和平的国际环境，我国的改革开放和社会主义现代化建设就难以实现。

中国特色社会主义理论体系，从邓小平理论到"三个代表"重要思想、科学发展观，再到习近平新时代中国特色社会主义思想等重大战略思想，都是我们党为解决时代提出的新课题，在实践中不断探索和创新的基础上所形成的理论创新成果。中国特色社会主义理论体系是在新时期世界形势的大变革、大调整、和平与发展成为时代主题的国际背景下产生并逐步形成的，它是时代发展的折射，是时代精神的升华，具有鲜明的时代特征。"这一理论的形成，充分体现了我们党坚持解放思想、实事求是、与时俱进，以宽广的眼界观察世界、以时代发展的要求审视自己、以战略性的思维谋划全局，正确认识和应对当今世界发展变化的理论思考和科学精神。"①面对国际形势和时代条件的深刻变化，我们党要解决好时代提出的新课题，迎接时代提出的新挑战，开创党和人民事业发展的新局面，就必须解放思想、与时俱进，在实践上有所创造，在理论上有所创新，只有这样，才能使党适应国际形势的变化和时代发展的潮流，把中国特色社会主义事业不断推向前进。

（二）形成发展历程

任何一种理论都不是一蹴而就的，它都需要一个漫长的发展过程。中国特色社会主义理论体系也是一样。中国特色社会主义理论体系是在和

---

①孙成武：《中国特色社会主义理论体系形成的条件和背景探析》，《东北师大学报（哲学社会科学版）》2008年第6期。

平与发展成为时代主题的历史条件下，在我国改革开放和社会主义现代化建设的伟大实践中，在总结我国社会主义建设正反两方面历史经验和改革开放以来的新鲜经验，并吸取其他社会主义国家兴衰成败经验教训的基础上，逐步形成和发展起来的，主要经历了以下四个阶段：

1978年，我们党召开了具有深远历史意义的十一届三中全会，开启了改革开放和社会主义现代化建设历史新时期。1982年党的十二大，邓小平第一次提出"建设有中国特色社会主义"的命题，从此确定了中国特色社会主义理论的理论主题。1987年党的十三大第一次提出了"建设有中国特色的社会主义理论"这个概念，并概括了它的十二个基本观点，初步回答了我国社会主义建设的阶段、任务、动力、条件、布局和国际环境等基本问题，形成了"建设有中国特色的社会主义理论"的轮廓。1992年初，邓小平在南方谈话中对关于中国特色社会主义的一系列重大问题作了精辟的分析和概括。1992年十四大，对邓小平一系列富有创造性的思想从社会主义发展道路、发展阶段、根本任务、发展动力、外部条件、政治保证、战略步骤、领导力量和依靠力量、祖国统一等几个方面进行了概括，这就概括了建设有中国特色社会主义理论的主要内容，使其构成了一个比较完整的科学体系。

20世纪80年代末90年代初，苏东剧变，国际共产主义运动遭受重大挫折。我们党所处的环境，所肩负的历史任务，以及党自身的状况，发生了新的重大变化。面对严峻复杂的国内外形势，党的十三届四中全会后，以江泽民为核心的中国共产党人继续推进中国特色社会主义伟大事业，提出了一系列新思想、新观点、新论断，进一步回答了什么是社会主义、怎样建设社会主义的问题，创造性地回答了建设什么样的党、怎样建设党的问题，形成了"三个代表"重要思想，丰富和发展了中国特色社会主义理论。

进入新世纪新阶段，以胡锦涛为总书记的党中央，立足社会主义初级阶段的基本国情，深入分析我国发展的阶段性特征，深刻回答了我国在社会主义经济建设、政治建设、文化建设、社会建设、生态文明建设以及党的建设中的重大问题，形成了科学发展观，进一步发展了中国特色社会主义理论。

党的十八大以来，以习近平为核心的党中央，在中国特色社会主义进入新时代、科学社会主义迈向新阶段、当今世界大发展大变革大调整，以及我们党面临执政的新考验的形势下，紧密结合新的时代条件实践要求，系统回答了新时代坚持和发展什么样的中国特色社会主义、怎样坚持和发展中国特色社会主义的时代课题，创立了习近平新时代中国特色社会主义思想，进一步丰富和发展了中国特色社会主义理论。

二、中国特色社会主义理论体系的第一大理论成果

邓小平理论是马克思列宁主义的基本原理同当代中国实践和时代特征相结合的产物，是对毛泽东思想在新的历史条件下的继承和发展，是中国共产党集体智慧的结晶，是中国特色社会主义理论体系的开篇之作。

（一）邓小平理论的形成过程

邓小平理论是在和平与发展成为时代主题的历史条件下，在我国改革开放和现代化建设的实践中，在总结我国社会主义胜利和挫折的历史经验并借鉴其他社会主义国家兴衰成败的历史经验的基础上，逐步形成和发展起来的。

邓小平理论的形成和发展大体可以分成四个阶段：

1. 孕育阶段（1978年党的十一届三中全会到1982年党的十二大以前）

1978年12月召开的十一届三中全会，是新中国成立以来我们党历史上具有深远意义的伟大转折，这次全会批评了"两个凡是"的错误方针，果断地作出了把党和国家工作重点转移到社会主义现代化建设上来的战略决策，提出了一系列有利于增强党的团结和调动一切积极因素的方针政策，标志着党重新确立了马克思主义的思想路线、政治路线和组织路线。邓小平在为这次全会作准备的中央工作会议上所作的《解放思想，实事求是，团结一致向前看》的重要报告，成为开创我国社会主义现代化建设新局面的宣言书。

党的十一届三中全会以后，在改革和建设的实践中，我们党又提出了一系列重要的理论观点和方针政策。邓小平提出了"走出一条中国式的现代化道路"的思想，在实际工作中正本清源，有步骤地解决历史遗留问题，科学地阐述许多从实践中提出的理论和政策问题。针对关于实行家庭联产承包责任制和创办经济特区等改革的举措是姓"社"还是姓"资"的争议，邓小平提出要把解放思想从对毛泽东的"两个凡是"推进到对"什么是社会主义"和"怎样建设社会主义"的问题；针对在拨乱反正过程中发生的错误思潮，他又强调在整个改革过程中必须坚持四项基本原则。在1982年党的十二大开幕词中，邓小平正式提出了"建设有中国特色的社会主义"的科学命题。他指出："把马克思主义的普遍真理同我国的具体实际结合起来，走自己的道路，建设有中国特色的社会主义，这就是我们总结长期历史经验得出的基本结论。"①根据邓小平的思想，党的十二大报

---

① 《邓小平文选》（第三卷），人民出版社，1993，第3页。

告系统地阐述了关于社会主义特征的理论，指出：消灭剥削制度，生产资料公有，按劳分配，国民经济有计划按比例发展，工人阶级和劳动人民的政权，以共产主义思想为核心的社会主义精神文明，高度发达的生产力和比资本主义更高的劳动生产率，这些都是社会主义的重要特征。十二大还提出了党在新时期的总任务，提出了我国社会主义现代化建设的战略目标、战略重点、战略步骤等一系列重要方针。这些都说明，邓小平理论已经初步孕育。

2. 形成阶段（1982年党的十二大到1987年党的十三大以前）

中国特色社会主义道路首先是以经济建设为中心取代以阶级斗争为纲，改革开放的现实路径选择是经济领域以市场化为导向。为了统一全党思想，为改革开放提供强大的思想动力，邓小平对这些基本理论问题提供了必要性和可能性的根据。1987年10月召开的党的十三大，比较系统地论述了社会主义初级阶段的理论，明确阐述了党在社会主义初级阶段的基本路线，即"领导和团结全国各族人民，以经济建设为中心，坚持四项基本原则，坚持改革开放，自力更生，艰苦创业，为把我国建设成为富强、民主、文明的社会主义现代化国家而奋斗"①。党的十三大还阐发了我们党在对社会主义再认识的过程中提出的十二个科学的理论观点，这些理论观点构成了中国特色社会主义理论的轮廓，初步回答了我国社会主义现代化建设的发展阶段、任务、动力、条件、布局和国际环境等基本问题。党的十三大的召开，标志着中国特色社会主义理论和路线的正式形成。

3. 发展阶段（从1987年党的十三大到1992年党的十四大以前）

党的十三大以后，随着社会主义现代化建设实践的推进，中国特色社

---

①中共中央文献研究室编《十三大以来重要文献选编》（上），人民出版社，1991，第211页。

会主义理论得到了进一步的丰富和发展。1988年9月，邓小平提出了"科学技术是第一生产力"的论断，这为我们确立经济发展依靠教育和科技的方针奠定了理论基础。1992年，邓小平发表了南方谈话，精辟地分析了国际国内形势，科学地总结了十一届三中全会以来党的基本实践经验，从理论上深刻回答了长期困扰和束缚人们思想的许多重大问题，极大地丰富了中国特色社会主义理论。

1992年党的十四大确定了社会主义市场经济的目标模式，确立了邓小平"建设有中国特色社会主义理论"在全党的指导地位，对这一理论从发展道路、发展阶段、根本任务、发展动力、外部动力、政治保证、战略步骤、领导和依靠力量以及祖国统一等九个方面作了新的概括，初步构建了这一理论的体系，并作出了这一理论是"当代中国的马克思主义"的历史定位。

4. 进一步发展阶段（从1992年党的十四大到1997年党的十五大以前）

党的十四大以后，党的第三代中央领导集体遵循邓小平的"政治交代"，在建立社会主义市场经济体制的深刻变革和应对世界格局剧烈变动的进程中，妥善处理改革、发展、稳定的关系，各个领域取得了巨大成就。1997年召开的十五大，正式提出"邓小平理论"的概念，并对其历史地位、指导意义、科学体系和时代精神作了新的阐发，在党章中将其确立为党的指导思想。1999年的宪法修正案正式将邓小平理论载入宪法。

（二）邓小平理论的科学体系

邓小平理论第一次比较系统地初步回答了中国社会主义的发展道路、发展阶段、根本任务、根本动力、外部条件、政治保证、党的领导和依靠力量等一系列基本问题，它构成了一个涵盖了政治、经济、科技、教育、文化、民族、军事、外交等诸多方面的比较完备的科学体系。第一个层次是理论精髓——"解放思想、实事求是"。第二个层次是理论主题（首要的基本理论问题）——回答"什么是社会主义、怎样建设社会主义"。第三个层次是建设有中国特色社会主义的基本问题。

邓小平理论的科学体系包含着丰富的内容，主要有：

1. 社会主义初级阶段理论

邓小平指出，我国还处在社会主义初级阶段，这是一个至少上百年的历史阶段，制定一切方针政策都必须以这个基本国情为依据，不能脱离实际，超越阶段。我国处在社会主义初级阶段，是邓小平和党中央对中国基本国情的科学判断。党的十三大系统地论述了社会主义初级阶段理论。明确指出，社会主义初级阶段，就是指我国在生产力落后、商品经济不发达条件下建设社会主义必然要经历的特定阶段，即从我国进入社会主义到基本实现社会主义现代化的整个历史阶段。党的十五大进一步阐述了社会主义初级阶段的基本特征。

邓小平的社会主义初级阶段理论基于对中国国情的准确把握，揭示了当代中国的历史方位，是建设中国特色社会主义的总依据，是对马克思主义关于社会主义发展阶段理论的重大发展和重大突破。

2. 社会主义本质理论

什么是社会主义、怎样建设社会主义，是邓小平在领导改革开放和现代化建设中，不断提出和反复思考的首要的基本的理论问题。邓小平根据马克思主义的基本原理和社会主义的实践经验，对这个问题进行了不懈的探索。他指出："社会主义的本质，是解放生产力，发展生产力，消灭剥削，消除两极分化，最终达到共同富裕。"[1]

---

① 《邓小平文选》（第三卷），人民出版社，1993，第373页。

　　这一科学概括，遵循了科学社会主义的基本原则，反映了人民的利益和时代的要求，廓清了不合乎时代进步和社会发展规律的模糊观念，摆脱了长期以来拘泥于具体模式而忽略社会主义本质的错误倾向，深化了对科学社会主义的认识。这对于我们在坚持社会主义基本制度的基础上推进改革，指导改革沿着合乎社会主义本质要求的方向发展，对于建设中国特色的社会主义，具有重大的政治意义、理论意义和实践意义。

　　3. 社会主义改革开放理论

　　邓小平强调，改革也是一场革命，也是解放和发展生产力，是中国现代化的必由之路，僵化停滞是没有出路的。邓小平明确指出："改革是中国的第二次革命。"①中国共产党领导的第一次革命，把一个半殖民地半封建的旧中国变成了一个社会主义新中国；中国共产党领导的第二次革命，将把一个经济文化比较落后的社会主义中国变成一个现代化的社会主义国家。改革作为一次新的革命，不是也不允许否定和抛弃我们建立起来的社会主义基本制度，它是社会主义制度的自我完善和发展。改革不是一个阶级推翻另一个阶级那种原来意义上的革命，也不是对原有经济体制的细枝末节的修补，而是对体制的根本性变革。它的实质和目标，是要从根本上改变束缚我国生产力发展的经济体制，建立充满生机和活力的社会主义新经济体制，同时相应地改革政治体制和其他方面的体制，以实现中国的社会主义现代化。

　　改革是社会主义社会发展的直接动力。改革是一项崭新的事业，是一个大试验。对外开放是建设中国特色社会主义的一项基本国策。对外开放，包括对发达国家的开放，也包括对发展中国家的开放，是对世界所有

---

　　①《邓小平文选》（第三卷），人民出版社，1993，第113页。

国家的开放。实行对外开放要正确对待资本主义社会创造的现代文明成果。对外开放要高度珍惜并坚决维护中国人民经过长期奋斗得来的独立自主权利。邓小平改革开放理论具有重要的历史意义和现实意义。"邓小平改革开放理论开启了当代中国历史的新时期，促进了生产力大解放、大发展；推进了制度建设和创新，激发了全社会的创造活力；扩大了对外交往与合作，推动了发展方式的战略调整；对于全面深化改革、扩大开放以及巩固和发展社会主义，有着重要的现实指导意义。"①

4. 社会主义市场经济理论

在南方谈话中，邓小平明确提出："计划经济不等于社会主义，资本主义也有计划；市场经济不等于资本主义，社会主义也有市场。"②邓小平的这一系列重要论断，从根本上解除了把计划经济和市场经济看作属于社会基本制度范畴的思想束缚。党的十四大根据改革开放实践发展的要求和邓小平关于社会主义也可以搞市场经济的思想，特别是南方谈话的精神，确定了建立社会主义市场经济体制的改革目标。建立社会主义市场经济体制是我们党的一个伟大创举，是我国经济体制改革在实践和理论上的重大突破。邓小平的社会主义市场经济理论，实现了思想的解放，从根本上解除了把计划经济和市场经济看作属于社会基本制度范畴的思想束缚。邓小平理论除了上面指出的几个方面外，还包括社会主义根本任务理论、社会主义现代化发展战略、社会主义民主政治建设、社会主义精神文明建设、统一战线、军队和国防建设、社会主义国家外交战略、祖国完全统一、党的建设等理论。

---

①林玲、郭芹、陈晓莉：《邓小平改革开放理论的历史回顾及其重要意义》，《党史文苑（学术版）》2014年12期。

②《邓小平文选》（第三卷），人民出版社，1993，第373页。

（三）邓小平理论开创了中国特色社会主义理论体系

邓小平理论奠定了中国特色社会主义理论体系形成的基础，构建了中国特色社会主义理论体系的主体内容和基本框架，开创了中国特色社会主义理论体系，在中国特色社会主义理论体系中起到基础性作用。具体表现如下：

1. 邓小平理论奠定了中国特色社会主义理论体系形成的基础

邓小平理论确立了建设和发展中国特色社会主义的理论主题，确立了建设和发展中国特色社会主义的根本标准，开启了改革开放的历程，使中国特色社会主义充满生机和活力，改革开放是中国特色社会主义理论体系形成的实践基础。

2. 邓小平理论建构了中国特色社会主义理论体系的主体内容和基本框架

邓小平理论构成了中国特色社会主义理论体系的主体内容。中国特色社会主义的逻辑起点是社会主义，而邓小平理论恰恰是围绕着"什么是社会主义、怎样建设社会主义"展开回答的。同时，邓小平理论构建了中国特色社会主义理论体系的基本框架。邓小平理论涉及社会主义本质论、动力论以及一国两制等一系列基本问题，为后人丰富中国特色社会主义理论体系提供了基本框架。

3. 邓小平理论为中国特色社会主义理论体系提供了方法论指导

邓小平理论遵循实事求是的思想路线与方法，成为中国特色社会主义理论体系的精髓；重视实践经验的总结及其对理论的决定作用，成为中国特色社会主义理论体系的特点；维护人民群众根本利益的方法，成为中国特色社会主义理论体系的核心价值。

三、中国特色社会主义理论体系的第二大理论成果

随着改革开放的深入和社会主义市场经济的发展，中国的社会生活发生了广泛而深刻的变化，社会经济成分、组织形式、利益分配和就业方式的多样化还将进一步发展。旧的平衡打破之后新的平衡尚处于建立和完善过程之中，人民内部矛盾日趋复杂化和多样化。党的十三届四中全会以来，以江泽民为主要代表的中国共产党人，高举邓小平理论伟大旗帜，准确把握时代特征，科学判断我们党所处的历史方位，围绕建设中国特色社会主义这个主题，集中全党智慧，以马克思主义的巨大勇气进行理论创新，逐步形成了"三个代表"重要思想这一系统的科学理论，丰富了中国特色社会主义理论体系。

（一）"三个代表"重要思想的形成

"三个代表"重要思想是继毛泽东思想、邓小平理论之后马克思主义中国化的又一理论成果，是中国特色社会主义理论体系承前启后的重要组成部分。"三个代表"重要思想是以江泽民为主要代表的中国共产党人集体智慧的结晶。它创造性地回答了"建设一个什么样的党、怎样建设党"的重大问题，进一步回答了"什么是社会主义、怎样建设社会主义"的重大问题，反映了当代世界和中国的发展变化对党和国家工作的新要求，是加强和改进党的建设、推进我国社会主义自我完善和发展的强大理论武器。

1. "三个代表"重要思想提出的背景

20世纪80年代末90年代初，世界社会主义出现严重曲折，我国社会主义事业的发展面临空前巨大的困难和压力，我们党和国家处在决定前途命运的重大历史关头。以江泽民为主要代表的中国共产党人，科学判断形

势，全面把握大局，进行艰辛探索，从容应对困难和风险，全面推进社会主义现代化建设，开创了中国特色社会主义事业新局面。

2. "三个代表"重要思想形成的过程

"三个代表"重要思想的形成过程，大致可以分成四个阶段。

第一阶段——萌芽阶段（20世纪80年代末）

1989年6月16日，邓小平在同中央几位负责同志谈话时强调："要聚精会神地抓党的建设，这个党该抓了，不抓不行了。"[①]从党的十三届四中全会到20世纪90年代初，江泽民聚精会神地抓党的建设，在党建理论上有重要建树，在党建实践上有突出贡献。

第二阶段——初步形成阶段（20世纪90年代）

1992年10月党的十四大系统阐述了如何加强党的建设和改善党的领导的问题，1994年党的十四届四中全会专门研究了新形势下党的建设，通过了《中共中央关于加强党的建设几个重大问题的决定》，1997年，江泽民在党的十五大中提出了具有鲜明时代特征和深刻内涵的党建命题——面向新世纪的中国共产党。江泽民在20世纪90年代中对"三个代表"的思想的阐述更加集中。特别是他在中共十四大、十五大报告中，在对邓小平理论的阐述、概括过程中，"三个代表"思想的表述已跃然纸上。尽管还没有理论上的明确表述，但"三个代表"的思想已经初步形成。

第三阶段——最终形成（2000年2月到2001年6月）

"三个代表"重要思想，最早是2000年2月25日，江泽民在广东省考察工作时提出来的。他指出："我们党所以赢得人民的拥护，是因为我们党在革命、建设、改革的各个时期，总是代表着中国先进生产力的发展要

---

①《邓小平文选》（第三卷），人民出版社，1993，第314页。

求，代表着中国先进文化的前进方向，代表着中国最广大人民的根本利益，并通过制定正确的路线方针政策，为实现国家和人民的根本利益而不懈奋斗。"①这是江泽民首次提出"三个代表"重要思想。2000年5月，他在江苏、浙江、上海召开的党建工作座谈会上，对"三个代表"的重要意义作了精辟的阐述，强调"始终做到'三个代表'是我们党的立党之本、执政之基、力量之源"②。2000年6月9日，江泽民在全国党校工作会议上第一次指出，"三个代表"重要思想所要回答和解决的正是"建设什么样的党、怎样建设党"的重大问题。2000年6月28日，江泽民在中央思想政治工作会议上，提出了"四个如何认识"深刻揭示了"三个代表"重要思想产生的历史起点和逻辑起点，反映了"三个代表"重要思想提出的时代背景和发展的现实依据。

第四阶段——继续发展（2001年"七一"讲话至2002年十六大）

2001年7月1日，在庆祝中国共产党成立80周年大会上，江泽民全面阐述了"三个代表"重要思想的科学内涵，提出了按照"三个代表"要求加强和改进党的建设、始终保持党的先进性的历史任务。2002年11月，江泽民在党的十六大报告中进一步阐述了"三个代表"重要思想的时代背景、历史地位、精神实质和指导意义，阐明贯彻"三个代表"重要思想的根本要求，提出要把"三个代表"重要思想贯彻到社会主义现代化建设的各个领域，体现在党的建设的各个方面。他强调，贯彻"三个代表"重要思想，关键在坚持与时俱进，核心在坚持党的先进性，本质在坚持执政为民。党的十六大高度评价了"三个代表"重要思想的历史地位和重要意义，把"三个代表"重要思想同马克思列宁主义、毛泽东思想、邓小平理

---

① 《江泽民文选》（第三卷），人民出版社，2006，第2页。
② 《江泽民文选》（第三卷），人民出版社，2006，第15页。

论一道确立为党必须长期坚持的指导思想，2004年3月14日第十届人大二次会议将"三个代表"重要思想写进了党章。

至此，"三个代表"重要思想就从最初提出时的一个重要观点，逐渐发展成为一个内涵丰富、寓意深刻、思想全面的理论体系；从指导中国共产党自身建设的一个重要纲领，发展成为不仅指导党的工作而且指导整个国家工作、指导中国特色社会主义事业的理论体系。

（二）"三个代表"重要思想的科学体系

"三个代表"重要思想即：中国共产党必须始终代表中国先进生产力的发展要求，代表中国先进文化的前进方向，代表中国最广大人民的根本利益。

始终代表中国先进生产力的发展要求，就是党的理论、路线、纲领、方针、政策和各项工作，必须努力符合生产力发展的规律，体现不断推动社会生产力的解放和发展的要求，尤其要体现推动先进生产力发展的要求，通过发展生产力不断提高人民群众的生活水平。

始终代表中国先进文化的前进方向，就是党的理论、路线、纲领、方针、政策和各项工作，必须努力体现面向现代化、面向世界、面向未来的民族的科学的大众的社会主义文化的发展要求，促进全民族思想道德素质和科学文化素质的不断提高，为我国经济发展和社会进步提供精神动力和智力支持。

始终代表中国最广大人民的根本利益，就是党的理论、路线、纲领、方针、政策和各项工作，必须坚持把人民的根本利益作为出发点和归宿，充分发挥人民群众的积极性、主动性、创造性，在社会不断发展进步的基础上，使人民群众不断获得切实的经济、政治、文化利益。

　　"三个代表"是统一的整体，相互联系、相互促进。发展先进生产力，是发展先进文化和实现最广大人民根本利益的基础条件；发展先进文化，是发展先进生产力和实现最广大人民根本利益的重要思想保证；发展先进生产力和先进文化，归根到底都是为了实现最广大人民的根本利益，而人民群众则是创造先进生产力和先进文化的主体，也是实现自身利益的根本力量。

　　"三个代表"重要思想，在邓小平理论的基础上，进一步回答了什么是社会主义、怎样建设社会主义的问题，创造性地回答了建设什么样的党、怎样建设党的问题，深化了对中国特色社会主义的认识。"三个代表"重要思想，在改革发展稳定、内政外交国防、治党治国治军等各个方面，提出了一系列紧密联系、相互贯通的新思想、新观点、新论断，构成了一个系统的科学体系。其主要内容有：

　　1. 推进党的建设新的伟大工程

　　"三个代表"重要思想确立了新时期党的建设总目标，为推进党的建设新的伟大工程指明了前进方向；提出加强党的执政能力建设和保持党的先进性的命题，以一系列新观点、新论断为确定党的建设新的伟大工程的主线夯实了理论根基；深入探索全面加强党的建设的新办法、新途径，以一系列新思路、新举措把党的建设新的伟大工程成功推向21世纪。

　　2. 建立社会主义市场经济体制

　　"三个代表"重要思想确立了社会主义市场经济体制的改革目标和基本框架；提出在社会主义市场经济概念中，"社会主义"是重点。

　　3. 全面建设小康社会

　　江泽民提出21世纪头二十年是全面建设小康社会的阶段，形成了"两个一百年"的奋斗目标，深化了邓小平关于分阶段、有步骤地实现现代化的战略思想，丰富了我们党关于社会主义初级阶段的理论，符合我国国情，符合人民愿望，有利于最广泛最充分地调动一切积极因素为实现中华民族的伟大复兴而奋斗。

在党的十六大上，江泽民提出并分析了我们党和国家面临的新形势，明确提出新世纪头二十年是一个必须紧紧抓住并且可以大有作为的重要战略机遇期，并深刻阐述了全面建设小康社会的奋斗目标，提出要在21世纪头二十年，集中力量全面建设惠及十几亿人口的更高水平的小康社会，使经济更加发展、民主更加健全、科教更加进步、文化更加繁荣、社会更加和谐、人民生活更加殷实。全面建设小康社会，是实现现代化建设第三步战略目标必经的承上启下的发展阶段，也是完善社会主义市场经济体制和扩大对外开放的关键阶段。这是一个既体现时代精神，又具有中国特色，既实事求是、切实可行，又鼓舞人心、催人奋进的目标。这是一个能够充分体现社会主义制度优越性的目标。

4. 社会主义政治文明建设

我国是社会主义国家，人民当家作主，一切权利属于人民是我们最根本的价值追求，为了充分保障人民的民主权利，我们需要建立起以人民代表大会制度为核心的各项政治制度。因此必须抓好社会主义政治文明建设。

5. 发展是党执政兴国的第一要务

把发展放在执政兴国的战略高度来认识，这是对邓小平"发展才是硬道理"的思想的进一步深化，是对邓小平发展理论的创新。

我们应把发展作为党执政兴国的第一要务，从执政党兴衰存亡的高度，强调了发展的重要性；从制度优劣、国家兴衰、民族复兴的高度，强调了发展的重要性。"发展是党执政兴国的第一要务"思想，突出了社会全面发展的思想。

总之，"三个代表"重要思想是一个完整的科学体系，除了上面的主要内容以外，还包括：关于大力弘扬与时俱进的精神；社会主义初级阶段的基本纲领；正确处理改革、发展、稳定关系的思想；关于实行全方位对外开放战略的思想；关于建设社会主义法治国家的思想；关于依法治国和以德治国相结合的思想；建立巩固的国防、加强军队的革命化现代化正规化建设的思想；中国特色社会主义外交和国际战略；推进祖国完全统一，提出发展两岸关系八项主张的理论；关于巩固党的阶级基础和扩大党的群众基础的思想；等等。

（三）"三个代表"重要思想是推进伟大事业的强大理论武器

"三个代表"重要思想的提出不是偶然的，它凝聚着我们党对历史经验的科学总结，对时代特征的正确把握，它不仅创造性地回答了"建设什么样的党、怎样建设党"的历史课题，而且把党的建设和社会主义建设有机结合起来，进一步回答了"什么是社会主义、怎样建设社会主义"这一重大的理论和现实问题，深化了对中国特色社会主义这一主题的认识。

第一，"三个代表"重要思想从坚持党的先进性的高度，深化了对"什么是社会主义""什么是中国特色社会主义"的认识。第二，"三个代表"重要思想创造性地回答了"建设什么样的党、怎样建设党"的根本问题。第三，"三个代表"重要思想把党的建设要求与中国特色社会主义建设融为一体，强化了中国特色社会主义建设和执政党建设的一致性，明确了中国特色社会主义的未来走向和中国共产党的历史使命。

总之，"三个代表"重要思想在邓小平理论的基础上，进一步回答了"什么是社会主义、怎样建设社会主义"的问题，创造性地回答了"建设什么样的党、怎样建设党"的问题,是加强和改进党的建设、推进我国社会主义自我完善和发展的强大理论武器,是党和国家必须长期坚持的指导思想。

四、中国特色社会主义理论体系的第三大理论成果

(一)科学发展观的形成

在新世纪新时期,以胡锦涛为总书记的党中央在全面建设小康社会的进程中,坚持以马克思主义、毛泽东思想、邓小平理论和"三个代表"重要思想为指导,围绕坚持和发展中国特色社会主义提出了一系列新思想、新观点、新论断,形成了科学发展观。科学发展观的形成和提出,来之不易,经历了中国共产党人的长期实践探索和理论思索,是中国共产党执政理念的一次升华,是马克思主义中国化的理论结晶。

1. 科学发展观形成的条件

第一,科学发展观是在深刻分析国际形势、顺应世界发展趋势、借鉴国外发展经验的基础上形成和发展的。随着人口增加,资源、环境等问题日益严峻,可持续发展已经逐步成为世界的共识,以胡锦涛为总书记的中国共产党人深刻认识到我们不能走发达国家走过的先污染后治理的老路。第二,科学发展观是在深刻把握我国基本国情和新的阶段性特征的基础上形成和发展的。进入新世纪之后,我国面临着许多新的阶段性特征,尤其是人口、资源、环境的压力日益加大,促使新的中央领导集体反思过去的发展道路,转变发展方式。第三,科学发展观是在深入总结改革开放以来

特别是党的十六大以来实践经验的基础上形成和发展的。党的十六大之后，如何构建和谐社会、如何转变过去粗放的经济发展方式等一系列实践问题迫切需要回答，在回答这些问题的实践中以胡锦涛为总书记的党中央形成了以人为本，全面、协调、可持续的科学发展观。

2. 科学发展观的形成过程

科学发展观是以胡锦涛为总书记的党中央，在新世纪新阶段全面建设小康社会进程中，在新的历史起点上推进中国特色社会主义事业过程中形成和发展起来的。大体分为四个阶段：

（1）初步形成

2003年初，"非典"疫情的迅速蔓延，集中暴露出我国经济社会发展中存在的薄弱环节和突出问题。2003年10月，党的十六届三中全会通过的《中共中央关于完善社会主义市场经济体制若干问题的决定》指出："坚持以人为本，树立全面、协调、可持续的发展观，促进经济社会和人的全面发展。"[1]胡锦涛在此次会议上明确指出："树立和落实全面发展、协调发展、可持续发展的科学发展观，对于我们更好坚持发展才是硬道理的战略思想具有重大意义。树立和落实科学发展观，这是二十多年改革开放实践的经验总结，是战胜非典疫情给我们的重要启示，也是推进全面建设小康社会的迫切要求。"[2]这是我们党在文件中第一次提出科学发展观。

（2）充实丰富

2003年底到2004年初，我国经济运行出现投资规模偏大、部分行业和地区盲目投资、低水平重复建设等突出问题。为避免陷入大起大落困境，

---

[1]中共中央文献研究室编《十六大以来重要文献选编》（上），中央文献出版社，2005，第465页。

[2]《胡锦涛文选》（第二卷），人民出版社，2016，第104页。

4月底，中央及时作出进一步加强和改善宏观调控的重大决策。胡锦涛强调："这次加强和改善宏观调控是贯彻落实以人为本、全面协调可持续的科学发展观的重大实践。"①在此后三年多的时间里，胡锦涛多次在《加强和改善宏观调控》《搞好宏观调控，促进科学发展》《在中共十六届六中全会第二次全体会议上的讲话》和《不断深化对科学发展观的认识，努力开创科学发展的新局面》等重要文献中，以总结这次加强和改善宏观调控、推动经济社会平稳较快发展新经验的方式，深入阐发了我们党对科学发展观的新认识。

（3）走向成熟

2007年，党的十七大对科学发展观的理论定位、理论依据、理论内涵作了全面阐述。十七大报告明确指出："科学发展观，是对党的三代中央领导集体关于发展的重要思想的继承和发展，是马克思主义关于发展的世界观和方法论的集中体现，是同马克思列宁主义、毛泽东思想、邓小平理论和'三个代表'重要思想既一脉相承又与时俱进的科学理论，是我国经济社会发展的重要指导方针，是发展中国特色社会主义必须坚持和贯彻的重大战略思想。"②

（4）深化发展

十七大后，以科学发展观为核心的理论和实践创新没有停顿，主要发展方向进一步转化为谋划发展的正确思路、促进发展的政策措施、领导发展的实际能力。

---

①中共中央文献研究室编《十六大以来重要文献选编》（中），中央文献出版社，2006，第453页。

②中共中央文献研究室编《十七大以来重要文献选编》（上），中央文献出版社，2009，第10页。

（二）科学发展观的理论体系和基本特点

1. 科学发展观的集中概括

科学发展观，第一要义是发展，核心立场是以人为本，基本要求是全面协调可持续，根本方法是统筹兼顾。这是对科学发展观的集中概括。

推动经济社会发展是科学发展观的第一要义。科学发展观是用来指导发展的理论，中国特色社会主义是靠发展来不断巩固和前进的。在当代中国，坚持发展是硬道理的本质要求就是坚持科学发展。

以人为本是科学发展观的核心立场。以人为本就是以最广大人民的根本利益为本。以人为本的"人"，是指人民群众，"本"，就是根本，就是出发点和落脚点。胡锦涛指出："我们提出以人为本的根本含义，就是坚持全心全意为人民服务，立党为公、执政为民，始终把最广大人民的根本利益作为党和国家工作的根本出发点和落脚点。"[①]

全面协调可持续是科学发展观的基本要求。胡锦涛指出，我们之所以把全面协调可持续作为科学发展观的基本要求来强调，这是因为：一方面，经过长期发展，我们积累了较为雄厚的物质技术条件，可以在推进全面协调可持续发展上有更大作为；另一方面，城乡区域发展不平衡、经济社会发展不协调、经济发展与人口资源环境不适应等问题更加突出地摆在了我们面前。只有更加自觉地推进全面协调可持续发展，才能更好化解我国发展的各种制约因素，更好推动我国发展进程，确保实现我国发展的战略目标。

统筹兼顾是科学发展观的根本方法。它深刻体现了唯物辩证法在发

---

① 中共中央文献研究室编《十七大以来重要文献选编》（上），中央文献出版社，2009，第107页。

展问题上的科学运用，深刻揭示了实现科学发展、促进社会和谐的基本途径，是正确处理经济社会发展中重大关系的方针原则。在我国改革发展的关键阶段，经济体制深刻变革，社会结构深刻变动，利益格局深刻调整，思想观念深刻变化。在这样的情况下，我们要推动科学发展、促进社会和谐，必须更加自觉地运用统筹兼顾的根本方法，正确反映和兼顾不同方面的利益。胡锦涛强调，要善于在推进经济发展的同时兼顾各个方面的发展要求，把经济建设、政治建设、文化建设、社会建设及其各个环节统筹好、协调好，使之相互促进、相互支撑，实现良性互动。

2. 科学发展观的理论体系

科学发展观着眼于党和人民事业发展的全局，紧紧围绕建设中国特色社会主义这个主题，准确把握时代特征和中国国情，抓住重要战略机遇期，在全面建设小康社会进程中，认真研究和回答我国社会主义经济建设、政治建设、文化建设、社会建设、生态文明建设和党的建设等方面面临的一系列重大问题，形成了完整的理论体系。

第一，坚持以科学发展为主题、以加快转变经济发展方式为主线，努力建设社会主义新农村和创新型国家，是科学发展观在经济建设领域的主要体现。第二，坚持走中国特色社会主义政治发展道路是科学发展观在政治建设领域的主要体现。第三，坚持走中国特色社会主义文化发展道路、建设社会主义文化强国、建设社会主义核心价值体系等重大战略思想，是科学发展观在文化建设领域的集中体现。第四，构建社会主义和谐社会是科学发展观在社会建设领域的主要体现。第五，建设生态文明是科学发展观在资源环境和人们生产生活领域的必然要求。第六，加强党的先进性建设、保持党的纯洁性，不断提高党的建设科学化水平，是科学发展观在党的建设领域形成的重大战略思想。第七，科学发展理念是体现在国防、祖国统一和外交等领域的新要求。

3. 科学发展观的基本特点

"作为科学理论体系，科学发展观具有强烈的人民性、高度的统领性、科学的系统性、有机的协调性、严密的层次性和鲜明的开放性等显著特点。"[①] 科学发展观内涵丰富、层次清晰、体系严密、特点鲜明，实现了马克思主义中国化的新飞跃，必将大大推进中国特色社会主义的发展进程。

（三）科学发展观是发展中国特色社会主义的长期指导思想

"科学发展观是中国特色社会主义理论体系的第三大理论成果，对中国特色社会主义理论的重大创新和发展，主要表现为丰富和深化了其理论主题、基本内容、科学体系和重要观点。"[②] 它深刻揭示了新世纪新阶段开辟当代中国马克思主义发展新境界是发展中国特色社会主义必须长期坚持的指导思想。

科学发展观深化了中国特色社会主义理论的主题，拓展了中国特色社会主义理论的基本内容，赋予中国特色社会主义理论体系以新的思想内涵，发展了中国特色社会主义理论的重要观点，深化了对社会主义本质的认识，明确了人民群众在中国特色社会主义发展中的主体地位，找到了中国特色社会主义永续发展的新动力，拓展了中国特色社会主义发展的国际视野。科学发展观有宽厚的实践基础，不仅是我国发展经验的科学总结，还汲取了世界各国发展的经验教训，反映了当代社会发展的规律，具有强大的生命力。

---

①王勇桂：《科学发展观理论体系研究》，《马克思主义研究》2006年第12期。
②高继文、周莹：《深刻理解科学发展观的理论地位》，《中共中央党校学报》2013年第1期。

五、中国特色社会主义理论体系的第四大理论成果

党的十九大概括和提出了习近平新时代中国特色社会主义思想，并将这一思想确立为党的指导思想写入党章。习近平新时代中国特色社会主义思想作为中国特色社会主义理论体系的第四大理论成果，也是马克思主义中国化的最新成果。

（一）习近平新时代中国特色社会主义思想的形成背景

党的十九大将习近平新时代中国特色社会主义思想确立为党的指导思想，这是重大的理论创新、重要的政治成果、深远的历史贡献。这一马克思主义中国化最新理论成果的诞生，既是时代发展的必然选择，同时也是马克思主义与时俱进的必然结果；既是在传承中华优秀传统文化、革命文化和社会主义先进文化基础上形成的伟大成果，同时也是党的十八大以来中国共产党治国理政实践探索的经验总结和理论升华；既是集体探索的成果，同时也是习近平成长经历和深厚理论素养的必然结晶。同时，"习近平新时代中国特色社会主义思想虽然是在党的十八大以来形成的，但它却广泛而深刻地汲取了人类社会发展的历史经验，因而具有广泛而深厚的历史基础和历史依据"①。

1. 习近平新时代中国特色社会主义思想是时代发展的必然选择

习近平新时代中国特色社会主义思想的形成，是中国共产党应对时代挑战的必然选择。当今世界正处于大发展大变革大调整时期，虽然和平与发展依然是时代主题，但世界面临的不稳定性不确定性的因素也在增加。

---

①邸乘光：《论习近平新时代中国特色社会主义思想》，《新疆师范大学学报（哲学社会科学版）》2018年第2期。

中国作为世界上负责任的大国，面对人类的共同挑战，习近平先后提出了新安全观、全球治理观、正确义利观、人类命运共同体、"一带一路"倡议等一系列有利于世界和平发展的新理念新倡议新方案。因此受到国际社会特别是广大发展中国家的普遍欢迎和强烈支持。

2. 习近平新时代中国特色社会主义思想是马克思主义与时俱进的必然结果

作为当代中国的马克思主义，习近平新时代中国特色社会主义思想是对马克思列宁主义、毛泽东思想、邓小平理论、"三个代表"重要思想、科学发展观的继承和发展，是马克思主义中国化的最新成果，是中国特色社会主义理论体系的重要组成部分。

3. 习近平新时代中国特色社会主义思想是在传承中华优秀传统文化、革命文化和社会主义先进文化基础上形成的伟大成果

习近平新时代中国特色社会主义思想具有深厚的文化根基。它植根于中华优秀传统文化，蕴含着中华民族的政治智慧和历史经验；继承了包括红船精神、井冈山精神、长征精神、延安精神、西柏坡精神等在内的红色文化基因，体现了革命传统的现代延续；坚持社会主义先进文化的前进方向，开辟了中国特色社会主义文化建设的新境界。

4. 习近平新时代中国特色社会主义思想是党的十八大以来中国共产党治国理政实践探索的经验总结和理论升华

党的十八大以来，以习近平为核心的党中央，以巨大的政治勇气和强烈的责任担当，出台一系列重大方针政策，推出一系列重大举措，推进一系列重大工作，解决了许多长期想解决而没有解决的难题，办成了许多过去想办而没有办成的大事，推动党和国家事业发生历史性变革。在这一实践探索过程中，以习近平为核心的党中央将治国理政的新理念新思想新战

略不断进行总结凝练，最终升华为习近平新时代中国特色社会主义思想。

5. 习近平新时代中国特色社会主义思想是习近平成长经历和深厚理论素养的必然结晶

习近平新时代中国特色社会主义思想，是党和人民实践经验和集体智慧的结晶，同时也是习近平个人长期理论探索的成果。这一思想的主要创立者是习近平。党的十八大以来，习近平以马克思主义政治家、理论家的深刻洞察力、敏锐判断力和战略定力，提出了一系列具有开创性意义的新理念新思想新战略，为这一思想的创立发挥了决定性作用，作出了决定性贡献。习近平的成长经历和丰富的工作经验，特别是他勇于创新、善于进行理论探讨和经验总结的优良作风，也是这一思想形成的重要条件和宝贵资源。习近平以知青身份跨入社会，历经村、县、市、省直至中央等各个层级的主要岗位，从政经历遍及党、政、军各个领域，其成长之路也是习近平新时代中国特色社会主义思想的孕育过程。丰富的地方从政经历为其理论创新提供了最鲜活的素材。党的十八大以来，习近平以非凡的政治智慧和强烈的历史担当，团结带领全党全国各族人民进行具有许多新的历史特点的伟大斗争，不断推进理论创新、实践创新、制度创新、文化创新以及其他各方面创新，不断开拓马克思主义中国化新境界，形成了习近平新时代中国特色社会主义思想，为发展21世纪马克思主义、当代中国马克思主义作出了历史性贡献。

6. 习近平新时代中国特色社会主义思想是广泛而深刻地汲取了人类社会发展的历史经验而形成的伟大成果

以史为鉴，可以知兴替。党的十八大提出中国特色社会主义是党和人民90多年奋斗、创造、积累的根本成就。习近平总书记强调要深刻领会这一点，并且明确指出：“中国特色社会主义是改革开放新时期开创的，也是建立在我们党长期奋斗基础上的，是由我们党的几代中央领导集体团结带领全党全国人民历经千辛万苦、付出各种代价、接力探索取得的"，"是党和人民长期实践取得的根本成就"。[1]从一定意义上说，中华民族5000年文明史，世界社会主义500年发展史，中国近代170多年的奋斗史，特别是中国共产党成立近100年、执政近70年、改革开放40年进行革命、建设和改革的全部历史经验，都是习近平新时代中国特色社会主义思想形成的历史根据。

（二）习近平新时代中国特色社会主义思想的核心内容

1. 习近平新时代中国特色社会主义思想的核心内涵

习近平新时代中国特色社会主义思想的核心要义是坚持和发展中国特色社会主义。党的十八大以来，我们党的全部理论和实践探索都是围绕这个主题来展开、深化和拓展的。习近平新时代中国特色社会主义思想内涵十分丰富，涵盖了经济、政治、法治、科技、文化、教育、民生、民族、宗教、社会等各方面。其中最重要、最核心的内容就是党的十九大报告概括的"八个明确"。第一，明确坚持和发展中国特色社会主义，总任务是实现社会主义现代化和中华民族伟大复兴，在全面建成小康社会的基础上，分两步走在21世纪中叶建成富强民主文明和谐美丽的社会主义现代化强国。第二，明确新时代我国社会主要矛盾是人民日益增长的美好生活需要和不平衡不充分的发展之间的矛盾，必须坚持以人民为中心的发展思想，不断促进人的全面发展、全体人民共同富裕。第三，明确中国特色社会主义事业总体布局是"五位一体"、战略布局是"四个全面"，强调坚定道路自信、理论自信、制度自信、文化自信。第四，明确全面深化改

---

[1]中共中央文献研究室编《十八大以来重要文献选编》（上），中央文献出版社，2014，第73页。

革总目标是完善和发展中国特色社会主义制度、推进国家治理体系和治理能力现代化。第五，明确全面推进依法治国总目标是建设中国特色社会主义法治体系、建设社会主义法治国家。第六，明确党在新时代的强军目标是建设一支听党指挥、能打胜仗、作风优良的人民军队，把人民军队建设成为世界一流军队。第七，明确中国特色大国外交要推动构建新型国际关系，推动构建人类命运共同体。第八，明确中国特色社会主义最本质的特征是中国共产党领导，中国特色社会主义制度的最大优势是中国共产党领导，党是最高政治领导力量，提出新时代党的建设总要求，突出政治建设在党的建设中的重要地位。这"八个明确"高度凝练、提纲挈领地点明了习近平新时代中国特色社会主义思想的主要内容。

2. 新时代中国特色社会主义基本方略

习近平新时代中国特色社会主义思想不但明确了新时代坚持和发展什么样的中国特色社会主义，也回答了新时代怎样坚持和发展中国特色社会主义，党的十九大概括为"十四个坚持"，即新时代中国特色社会主义基本方略。

坚持党对一切工作的领导，坚持以人民为中心，坚持全面深化改革，坚持新发展理念，坚持人民当家作主，坚持全面依法治国，坚持社会主义核心价值体系，坚持在发展中保障和改善民生，坚持人与自然和谐共生，坚持总体国家安全观，坚持党对人民军队的绝对领导，坚持"一国两制"和推进祖国统一，坚持推动构建人类命运共同体，坚持全面从严治党。

（三）习近平新时代中国特色社会主义思想的价值地位

作为马克思主义中国化最新实践的理论结晶，习近平新时代中国特色社会主义思想是回答坚持和发展什么样的中国特色社会主义、怎样坚持和发展中国特色社会主义重大时代课题的重大成果。"全面发挥习近平新时代中国特色社会主义思想的理论功能，是以党的坚强领导和顽强奋斗，激励全体中华儿女不断奋进，凝聚起同心共筑中国梦磅礴力量的内在要求。"①习近平新时代中国特色社会主义思想，是21世纪的马克思主义，具有重大的理论意义、实践意义、世界意义。

1. 这一思想是马克思主义中国化的最新成果

习近平新时代中国特色社会主义思想开辟了马克思主义新境界。习近平新时代中国特色社会主义思想以一系列具有原创性的新思想新观点新论断，在理论上实现了重大突破、重大创新、重大发展，写出了马克思主义新版本，对马克思主义在21世纪的发展作出了重大原创性贡献，以全新视野深化了对共产党执政规律、社会主义建设规律和人类社会发展规律的认识，充分彰显了科学理论的强大生命力和中国共产党人的理论创造力，是当代最现实最鲜活的马克思主义。

2. 这一思想是新时代中国共产党人的精神旗帜

旗帜问题至关重要，事关党的正确方向，决定着党的凝聚力、引领力、战斗力，关乎国家前途命运和人民根本利益。今天，我们党作为一个拥有8900多万名党员，在有着13亿多人口的大国长期执政的大党，作为一个立志于千秋伟业的马克思主义政党，要带领全国人民步调一致向前进，没有一个与时俱进的指导思想是不行的。习近平总书记以为人民谋幸福、为民族谋复兴的历史担当，肩负起中国特色社会主义新时代的政治责任，从理论和实践结合上系统回答了新时代坚持和发展什么样的中国特色社会主义、怎样坚持和发展中国特色社会主义的时代课题，创立了习近平新时

①齐卫平：《习近平新时代中国特色社会主义思想》，《理论与改革》2018年第9期。

代中国特色社会主义思想。这一思想，回答了一系列重大问题，提出了一系列富有时代性、创造性、人民性的重大论断，充分彰显了马克思主义的真理力量、科学社会主义的时代价值。有了习近平新时代中国特色社会主义思想这面旗帜，全党思想上精神上就有了鲜明的时代标识，党的团结统一就有了思想根基，带领全国人民奋勇前进就有了正确方向。

3. 这一思想是中华民族伟大复兴的行动指南

习近平新时代中国特色社会主义思想是决胜全面建成小康社会，进而全面建设社会主义现代化强国、实现中华民族伟大复兴的行动指南。

习近平新时代中国特色社会主义思想为新时代建设中国特色社会主义提供了新的思想武器。第一，习近平新时代中国特色社会主义思想为新时代治国理政提供了基本遵循。没有国家治理现代化，就没有中华民族的伟大复兴。第二，习近平新时代中国特色社会主义思想为全面从严治党、把党建设成为中国特色社会主义事业的坚强领导核心提供了强大思想武器。第三，习近平新时代中国特色社会主义思想行动指南作用的发挥，关键在于将其贯彻到新时代中国特色社会主义建设全过程。

4. 这一思想为人类文明发展进步贡献了中国智慧和中国方案

习近平新时代中国特色社会主义思想立足于现代化建设实际和改革开放伟大实践，有力推动了社会主义市场经济、民主政治、先进文化、和谐社会、美丽中国全面发展。使国家的面貌、人民的面貌和中华民族的面貌发生了历史性变化，使中华民族迎来了由站起来、富起来到强起来的伟大飞跃，从而为全球广大发展中国家呈现了一条不同于西方的现代化之路。同时以其深厚的历史底蕴和宽广的全球视野为解决人类问题贡献了中国智慧，为实现全球治理提供了中国方案。第一，习近平新时代中国特色社会主义思想拓展了发展中国家走向现代化的途径。第二，习近平新时代中国特色社会主义思想彰显了中华优秀传统文化的持久价值和永恒魅力，为解决人类问题贡献了中国智慧。第三，习近平新时代中国特色社会主义思想为实现全球治理提供了中国方案。

习近平新时代中国特色社会主义思想不仅推动了中国社会的发展进步，而且为实现全球治理提供了中国方案，其中最具代表性的是人类命运共同体理念和"一带一路"倡议。人类命运共同体以普惠价值和共享发展为价值支撑，倡导建立平等相待、互商互谅的伙伴关系，营造公平正义、共建共享的安全格局，谋求开放创新、包容互惠的发展前景，促进和而不同、兼收并蓄的文明交流，构筑尊崇自然、绿色发展的生态体系，描绘了国际关系发展的美好前景，为构建公平正义的国际政治经济新秩序提供了基本原则。"一带一路"倡议是中国期望促进沿线各国共同发展的重要战略规划，它以政策沟通为重要保障，以基础设施互联互通为优先领域，以投资贸易合作为重点内容，以资金融通为重要支撑，以民心相通为社会根基，努力打造开放、包容、均衡、普惠的区域合作架构，将各国利益与中国快速发展的经济更好地结合起来，形成互利互助的共建平台，使各国都能享受到中国经济发展带来的机遇和红利，推动各国共同发展。

六、中国特色社会主义理论体系的当代价值

（一）中国特色社会主义理论体系的基本特征

中国特色社会主义理论体系坚持以马克思主义特别是中国化的马克思主义的世界观和方法论为其哲学基础，以中国现实国情为根本依据，以改

革开放和社会主义现代化建设的实践为基本动力，具有鲜明的实践性、整体性、民族性、时代性、科学性。

1. 实践性

实践性是中国特色社会主义理论体系的本质特征。在理论与实践的双重互动过程中实现理论创新，是中国特色社会主义理论体系产生、形成、发展和永葆生机活力的源泉与不竭动力，也是中国特色社会主义理论体系科学性、开放性和创新性的基础。中国特色社会主义理论体系的产生、形成和发展不是靠"本本"，而是靠实践，靠实事求是。

2. 整体性

中国特色社会主义理论体系，是一个有机统一的整体理论体系。这一理论体系运用辩证唯物主义和历史唯物主义的世界观和方法论，从整体上揭示了中国特色社会主义的建设规律，从整体上谋划和布局中国特色社会主义的伟大事业，从整体上设计了中国特色社会主义的建设目标和宏伟蓝图，也从整体上解答了当今时代和当代中国复杂的社会问题。

3. 民族性

民族化是马克思主义的一个基本原则。改革开放 40 年来，中国共产党人始终把马克思主义基本原理和科学社会主义基本原则的"共性"与中国具体实际的"个性"有机统一起来，提出了一系列独创性的新观点、新思想、新理论，讲出了中国话语，体现了中国创造，富有中国特色。中国特色社会主义理论体系是用中国话语来解答中国问题，它所具有的提问方式的简洁性、解答问题的针对性、语言表达的平实性、举例说明的生动性，都是鲜明中华民族性特点的具体体现。中国特色社会主义理论体系以全新的事业深化了对共产党执政规律、社会主义建设规律、人类社会发展规律的认识，写出了科学社会主义的"新版本"，具有鲜明的中华民族特色。

4. 时代性

中国特色社会主义理论体系具有强烈的时代性。中国特色社会主义理论体系的时代性，不仅集中体现在科学认识中国国情、准确判断当代中国所处的历史时代和历史方位上，也体现在解答时代提出的问题上，还体现在始终坚持与时俱进的理论品质上。

5. 科学性

科学性是马克思主义的基本理论特征，坚持真理性与价值性、科学性与意识形态性的辩证统一是马克思主义的重要原则。科学性也是中国特色社会主义理论体系的基本理论特征。中国特色社会主义理论体系科学揭示了当代人类社会发展规律、社会主义建设规律和共产党执政规律，是被中国社会主义建设和改革开放实践反复证明了的正确理论和科学真理，具有高度的科学性和真理性。

（二）中国特色社会主义理论体系的当代价值

中国特色社会主义理论体系内涵丰富、思想深刻、逻辑严谨，是改革开放以来中国共产党全部理论创新的总结和升华，是同马克思列宁主义、毛泽东思想既一脉相承又与时俱进的科学理论体系。这一理论体系为深入探索和把握社会主义发展规律提供了根本指导方针，为实现祖国的繁荣富强、中华民族的伟大复兴提供了强大思想武器，为世界社会主义运动的发展作出了重要贡献。中国特色社会主义理论体系具有重要的当代价值。

1. 实现了马克思主义基本原理与中国实际相结合的第二次历史性飞跃

中国特色社会主义理论体系，坚持运用辩证唯物主义和历史唯物主义的根本方法，创造性地分析当今世界和当代中国的实际，作出了一系列新的理论概括；坚持马克思主义关于无产阶级政党必须植根于人民的政治立场，贯彻马克思主义的群众观点，对人民群众在实践中创造的新鲜经验进行了理论上的总结和升华；坚持马克思主义与时俱进的理论品质，体现了马克思主义理论创新的巨大勇气，既生动而具体地坚持马克思列宁主义、毛泽东思想，又赋予马克思主义新的鲜活力量。中国特色社会主义理论体系的几个组成部分，邓小平理论、"三个代表"重要思想、科学发展观、习近平新时代中国特色社会主义思想，都是对马克思主义的丰富和发展。中国特色社会主义理论体系实现了马克思主义基本原理与中国实际相结合的第二次历史性飞跃。

2. 实现中华民族伟大复兴的根本指针

实现中华民族的伟大复兴是中国共产党和中国人民的夙愿和矢志不渝的追求。在实现中华民族伟大复兴的实践中，中国共产党解放思想、实事求是、与时俱进、开拓创新，创立了包括邓小平理论、"三个代表"重要思想、科学发展观、习近平新时代中国特色社会主义思想等重大战略思想在内的科学理论体系。"中国特色社会主义理论体系是马克思主义中国化的最新成果，是党和人民在实现中华民族伟大复兴新的征途上战胜困难、迎接挑战、开拓前进的根本指针。"[1]

中国特色社会主义理论体系明确了实现中华民族伟大复兴的具体目标——社会主义现代化强国。中国特色社会主义理论体系厘清了实现中华民族伟大复兴的基本国情——社会主义初级阶段。中国特色社会主义理论体系揭示了实现中华民族伟大复兴的强大动力——改革开放。中国特色社会主义理论体系武装了实现中华民族伟大复兴的政治保证——中国共产党。

由此可见，我们党以马克思主义党建理论为指导，在改革开放条件下

---

[1] 刘焕申：《中国特色社会主义理论体系：中华民族伟大复兴的根本指针——纪念新中国成立60周年》，《聊城大学学报（社会科学版）》2009年第5期。

加强执政党建设的实践基础上提出的一系列新思想、新观点、新概括、新要求，既一脉相承，又与时俱进，是我们不断深化对共产党执政规律认识的强大武器，也是新时代长期执政条件下党的建设必须坚持的指导思想。我们完全有理由相信，永远坚持与时俱进、紧紧把握时代脉搏、始终走在时代前列的中国共产党一定能够得到全国各族人民的衷心拥护，永远立于不败之地，带领人民在建设中国特色社会主义的道路上不断前进，朝着中华民族伟大复兴的宏伟目标奋勇前进。

3. 为发展中国家的现代化建设提供了有益的借鉴

在社会主义现代化建设的新时期，在中国特色社会主义理论体系的指导下，中国共产党通过对国际形势、时代特征和当代中国基本国情的分析和判断，以特有的求实精神和宽阔的理论视野，在深刻理解现代化内涵的基础上，准确地把握了现代化的一般规律，并将其与中国现代化建设的具体实际有机结合起来，开创了一条中国特色的社会主义现代化之路，对于世界各国尤其是发展中国家的现代化建设具有重要的示范和借鉴意义。

中国特色社会主义理论体系作为我国现代化建设的指导思想，是立足于中国国情，又放眼世界的现代化历史活动的产物，是解放思想、实事求是的成果。正是在这一理论指导下，中国形成的现代化发展模式既不同于西方资本主义国家的现代化模式，又不同于发展中国家的现代化模式，也有别于苏联僵化体制下的工业化模式，走出了一条具有中国特色的独特的现代化道路，取得的发展成就令世界瞩目，对世界各国尤其是发展中国家的现代化建设提供了重要借鉴。有些国家的社会制度尽管与中国不同，但也在不同程度上吸取和采纳了中国现代化建设的一些成功做法和经验。中国特色社会主义理论体系不仅属于中国，也属于世界，是世界文明宝库中一笔宝贵的精神财富。

第四章
中国特色社会主义制度

中国特色社会主义制度是中国共产党领导人民在长期革命、建设、改革历程中确立和发展起来的，是当代中国发展进步的根本制度保障。

一、中国特色社会主义制度的科学内涵

中国特色社会主义制度，就是既坚持科学社会主义的基本原则，又一切从中国的实际出发，既坚持社会主义基本制度不动摇，又充分吸收其他社会制度的优秀成分紧跟时代潮流，以解放和发展社会生产力为基点，以全体人民共同富裕为目的，以科学发展为主题，以改革开放为动力，以民主公平正义为价值，坚持以人为本，涵盖政治、经济、文化、社会各个方面的新型社会制度。

（一）中国特色社会主义制度的含义

邓小平早在20世纪80年代就提出过"具有中国特色的社会主义制度"[1]这一概念。由于改革开放和现代化建设刚刚开始，因此，"具有中

---

[1]《邓小平文选》（第三卷），人民出版社，1993，第218页。

国特色的社会主义制度"这一概念并没有引起学术界和理论界的足够重视，也很少有从制度层面分析和研究中国特色社会主义的学术理论诞生。经过几十年的发展，中国的改革领域逐渐深化，随着中国的发展进步，越来越多的国内外学者开始从制度视角分析当代中国发展进步的因素。明晰中国特色社会主义制度的内涵，是深入分析和研究中国特色社会主义制度的一个基本前提。

胡锦涛在庆祝中国共产党成立90周年大会上的讲话中首次明确提出中国特色社会主义制度的概念，他指出："经过90年的奋斗、创造、积累，党和人民必须倍加珍惜、长期坚持、不断发展的成就是：开辟了中国特色社会主义道路，形成了中国特色社会主义理论体系，确立了中国特色社会主义制度。"[1]胡锦涛在把中国特色社会主义制度作为中国改革探索的成果展现给世界的同时，又对中国特色社会主义制度的内涵进行了科学的界定，他指出："中国特色社会主义制度，是当代中国发展进步的根本制度保障，集中体现了中国特色社会主义的特点和优势。我们推进社会主义制度自我完善和发展，在经济、政治、文化、社会等各个领域形成一套相互衔接、相互联系的制度体系。"中国特色社会主义制度不是抽象的，不是笼统的，而是具体的，是在经济、政治、文化、社会等各个领域形成的一整套相互衔接、相互联系的制度体系。具体而言，由中国特色社会主义根本政治制度、基本政治制度、法律体系、基本经济制度以及在此基础上的经济体制、政治体制、文化体制、社会体制等各项具体制度组成，是对中国特色社会主义认识的进一步深化，也是我们党对世界社会主义发展的重大贡献。

---

① 《胡锦涛总书记在庆祝中国共产党成立90周年大会上的讲话学习读本》，人民出版社，2011，第7页。

中国特色社会主义制度是一种先进的社会主义制度，其科学内涵可以从以下几方面分析：

1. 在政治领域，人民代表大会制度是我国的根本政治制度。中国共产党领导的多党合作和政治协商制度，是我国的一项基本政治制度，是在长期的革命斗争和社会主义建设中形成和发展起来的符合中国国情的社会主义政党制度。基层民主制度是社会主义民主制度的重要组成部分，基层民主制度建设是社会主义民主法制建设和社会主义政治体制改革的一项重要内容，是社会主义现代化建设的一个重要环节和重要保证。发展社会主义民主，健全社会主义法制，依法治国，是建设中国特色社会主义的重要目标。

2. 在经济领域，以公有制为主体、多种所有制经济共同发展的经济制度是我国的基本经济制度；以按劳分配为主体、多种分配方式并存的收入分配制度是我国基本的收入分配制度。同时，为有效发挥社会主义经济制度的优越性，我国还不断改革完善社会主义经济体制，建立了社会主义市场经济体制，这些都为解放和发展社会生产力，增强综合国力，维护和促进社会公平正义，实现全体人民共同富裕，提供了坚实的经济制度支撑体系。改革开放以来，我国的所有制结构发生了巨大的变化，各种所有制经济在市场竞争中发挥各自优势，相互促进，共同发展。

3. 在文化领域，我们党十分重视文化建设，始终坚持社会主义先进文化的前进方向。在社会主义建设过程中，特别是改革开放以来，我党根据社会主义文化事业的发展规律，逐步形成并不断完善社会主义文化建设的战略思想。一是提出建设中国特色社会主义文化的根本任务。二是指明中国特色社会主义文化建设的基本方针，即"二为"方向和"双百"方针。三是面对社会转型期多元社会价值观的存在，党提出建设社会主义核心价值体系。

4. 在社会领域，我们党在长期实践中不断探索和发展了中国特色社会主义的社会建设理论，着力凸显社会和谐这一中国特色社会主义的本质属性。十六大以来，党对社会和谐的认识不断深化，明确了构建社会主义和谐社会在中国特色社会主义事业总体布局中的地位。党的十七大在中国特色社会主义总体布局中明确加入了推进以改善民生为重点的社会建设的内容。党的十八大提出全面建成小康社会的宏伟目标。党的十九大提出新时代中国特色社会主义思想，中国共产党将团结带领全国各族人民决胜全面建成小康社会，奋力夺取新时代中国特色社会主义伟大胜利。

总之，在国际国内形势严峻的今天，各种严峻的挑战会接踵而来。我们在坚持和巩固中国特色社会主义制度的前提下，要不断推进重要领域和关键环境的改革，继续推进经济体制、政治体制、文化体制、社会体制的改革创新，进而推进中国特色社会主义制度的自我完善和发展。

（二）中国特色社会主义制度的特征

1. 马克思主义的科学社会主义基本原则与中国具体实际相结合

每一个国家的现实国情、历史传统、所处的国际环境都有差异，这些因素都直接影响其采用何种社会制度，而最重要的影响因素就是国家所处的历史发展阶段。恩格斯对唯物史观的科学方法论，进行了深入的分析，在《社会主义从空想到科学的发展》中提出了要"将社会主义置于现实性的基础之上"。现实性是一个深刻的哲学术语，社会主义要展现自身的制度优越性，就要不断去发掘其现实价值。中国特色社会主义制度就是社会主义制度建设的基本原则在中国的现实国情中的建构。

我国基本经济制度的确立就反映了社会主义必须要与国情相结合。当前我国处于社会发展的转型阶段，经济上多种所有制经济成分共同发展决定了当前我国既要毫不动摇坚持共产党的领导，也要充分发挥民主党派、无党派人士等政治协商、参政议政的作用，实行党领导下的多党合作和政治协商制度。多民族的单一制国家决定了我国应当实行民族区域自治制度。少数民族自治能够促进我国各民族的平等、团结和共同发展，还能够巩固国家的统一完整。基层群众自治制度是我国社会治理制度的重要组成部分，这是由人口多、疆域大、问题复杂所决定的。这一制度体现了中国共产党的群众路线，可以充分调动基层群众参政议政的积极性与主动性。

2. "人民至上"的价值趋向

中国特色社会主义制度是中国共产党在长期的革命建设和改革实践中所作出的制度选择，共产党的根本宗旨是全心全意为人民服务，充分体现了中国特色社会主义制度的价值取向。

3. "发展是硬道理"指引下的效率优势

中国特色社会主义制度的优势是能够集中力量办大事，并能够有效激发社会活力。比如，人民代表大会制度的效率优势在于能将人民的意志动员起来，集中力量，这相对于形式民主大于实质民主的资本主义制度有较强的优势。我国的多党合作与政治协商制度就是要在制度的框架范围内，实现社会各阶层力量的参政议政、民主协商，推进政府决策科学化、民主化，提高办事效率。

在经济上，经历了改革开放的不断探索，中国特色社会主义的基本经济制度和分配制度调动起社会的各生产要素参与到创造社会财富中来，提高了生产效率。在政治上，中国特色社会主义政治制度是一个独创，无论是在世界政治史上还是在中国政治史上，都是史无前例的，包容性是其最大的特点，能够有效实现政治过程的民主化、科学化，预防缺乏监督的政治体系的诟病，还能避免社会力量过于分散导致的政治纷争，提升制度的效率。

4. 人类制度文明的相互借鉴

中国传统文化具有包容性，我国吸收和借鉴世界的制度文明成果，其根本目的就是在与世界制度文明的互动中实现制度的比较优势。中国特色社会主义制度将世界优秀文明成果和中国传统文化融为一体，其建立和完善可谓是内外因共同发挥作用的结果。我国的传统文化具有极强的包容性，中国特色社会主义制度之所以能够与时俱进，与以开放的姿态去接纳人类的制度文明成果不无关系，批判地学习世界一流的优秀制度文明成果是中国特色社会主义制度不断发展的外因。

5. 中国共产党的有效领导

我国是人民民主专政的国家，这是中国共产党带领全国各族人民在长期的革命斗争实践中发现的一条适合中国国情的国家制度。党的领导是中国特色社会主义制度的根本性特征。党要在法律的框架内，实施对于社会的治理，确保国家社会主义事业依法进行，推动中国特色社会主义各项事业走向法治化和制度化的轨道，使得经济社会事业的发展是一个客观的历史进程，不因人的意志的转变而发生变化，这是中共对于国家实现领导的最有效方式。党的领导，既是革命历史的选择，又有现实的依据，还是党自身的性质所决定的，党的领导是从政治形态的角度，实现无产阶级和广大人民群众根本利益的体现。

总之，中国特色社会主义制度是当代中国发展进步的根本制度保障，集中体现了中国特色社会主义的特点和优势。我们推进社会主义制度自我完善和发展，在经济、政治、文化、社会等各个领域形成一整套相互衔接、相互联系的制度体系。它们符合我国国情，顺应时代潮流，有利于保持党和国家活力、调动广大人民群众和社会各方面的积极性、主动性、创造性，有利于解放和发展社会生产力、推动经济社会全面发展，有利于维护和促进社会公平正义、实现全体人民共同富裕，有利于集中力量办大事、有效应对前进道路上的各种风险挑战，有利于维护民族团结、社会稳定、国家统一。

二、中国特色社会主义制度的理论渊源

对中国特色社会主义制度进行思想理论上的追根探源不仅能坚定社会主义方向与信念，增强制度自信，而且可以丰富深化中国特色社会主义理论体系，为中国特色社会主义道路提供强大的思想基础和理论支持，进而全面推动中国特色社会主义事业。

（一）空想社会主义思想家对未来社会的初步探索

空想社会主义是马克思、恩格斯科学社会主义的重要思想来源之一，在16世纪，托马斯·莫尔连同其著作《乌托邦》已经成为空想社会主义的代名词。空想社会主义历经三个世纪，空想社会主义者进行了艰苦卓绝的属于那个时代的理论探讨和实践摸索，这些探索从理论上和实践上都为科学社会主义的萌芽奠定了基础。空想社会主义者在理论研究和实践摸索中提出了许多有价值的构想，但由于时代的局限性，这些构想存在着不同的缺陷而流于空想。

1. 16、17世纪的早期空想社会主义

16世纪的英国已经处在了工业革命的边缘，一是工场手工业取得了迅

猛的发展，社会也开始形成资产阶级和无产阶级两大对立的阶级。二是随着"羊吃人"的圈地运动，两大对立阶级之间的矛盾逐渐恶化。新的历史条件下，为了改善无产阶级的生存生活状况，当时的学者开始反思当时的英国制度，找出造成阶级裂变的制度原因，并变革制度，消除阶级对立，实现阶级融合，空想社会主义诞生。第一批空想社会主义思想家思想中闪烁着属于那个时代的早期社会主义的思想光辉。这个时期的空想社会主义思想家的主要代表人物有莫尔、闵采尔、康帕内拉、温斯坦莱，他们的思想注定只是社会主义学说史上的起步，很不成熟。

2. 18世纪的空想社会主义

18世纪空想社会主义的代表人物都出现在法国，空想社会主义在法国盛行与18世纪法国的社会状况紧密相关：一是同时期的法国思想解放运动最为波澜壮阔，二是法国大革命是欧美历史上最彻底的一次社会革命，它促使法国建立了资本主义制度，荡涤了封建专制的余孽。思想大解放迫使统治阶级用更为严厉的统治措施维护自身的统治，而这又进一步推动有识之士更着力于对社会制度的改革。这一时期的空想社会主义代表人物有摩莱里、马布利、巴贝夫，他们对于新社会的向往和建构已经开始，他们通过缜密的理性思维逻辑来探求对于未来社会的认识，但没有实践基础的理论和现实作支撑，理想社会追求注定是一个假想。

3. 19世纪的空想社会主义

19世纪的空想社会主义思想家对资本主义制度的丑恶进行了无情的抨击，深刻揭示了资本主义制度的虚伪性；明确提出了政治制度的基础是经济发展状况、阶级和阶级剥削是资本主义生产资料私有制导致的结果等观点；彻底抛弃了苦修苦练的禁欲主义和贫困的平均主义；对共产主义的理论推进到实践的层面，即便是没有付诸实施；社会主义思想已经发展得相对完备，这不仅仅体现在对于社会主义思想的理论描述和论证上，还体现在对于社会主义的实践和论证上，都达到一个新的阶段。他们以圣西门、傅立叶、欧文为代表，从理论到实践都将社会主义推向一个高潮。

（二）马克思恩格斯关于科学社会主义的基本理论

从18世纪60年代到19世纪中叶，欧美国家先后走上了产业革命道路，实现了生产力的高速发展，但资本主义社会生产力的迅速发展导致了经济危机的频繁爆发，导致了财富的高度集中和无产阶级的日益贫困。马克思恩格斯对资本主义经济危机产生的原因以及解决途径进行了科学研究，在前人理论成果的基础上创立并发展了科学社会主义。

1. 社会主义社会本质特征的描述

马克思恩格斯虽然没有明确使用社会主义本质的概念，但研究了社会主义与资本主义及其他社会形态的根本区别，从不同侧面描述了社会主义社会的六大基本特征，科学地论证了社会主义的本质。

2. 社会主义社会实现条件的论证

马克思恩格斯论述了实现社会主义社会的必然性、长期性、方式以及经济文化落后国家走向社会主义的构想，对社会主义的实现条件进行了论证。

中国共产党人在领导中国革命和建设的实践中，根据时代和客观条件的变化，创造性地运用马克思主义基本原理去解决中国的新问题，实现了中国革命和社会主义建设事业的不断胜利，不断更新、充实科学社会主义思想内容，形成了中国特色社会主义理论体系。

3. 社会主义基本发展原则的论述

恩格斯在答法国《费加罗报》记者的提问时说："我们没有最终目

标。我们是不断发展论者，我们不打算把什么最终规律强加给人类。关于未来社会组织方面的详细情况的预定看法吗？您在我们这里连它们的影子也找不到。"①即便如此，对于社会主义来讲，在公有制的基础上组织生产生活是一个核心的命题。马克思、恩格斯对未来的社会主义社会的具体状态没有进行脱离时代的妄自猜测，而是站在唯物史观的高度，通过对于资本主义生产方式的深度解剖，探寻资本主义制度的本质，进而提出社会主义建设的一些原则。一是社会主义的第一原则就是发展发达的生产力，积累社会发展的物质财富。二是人的潜能的激发是社会主义第一原则的目标指向。三是社会主义发展的最高阶段是共产主义，那是"一个自由人的联合体"。

4. 社会主义价值导向的提出

马克思、恩格斯在人类历史上第一次开启了"新哲学"思维，其思想的动力和指向就是要"改造世界"。"随着社会生产的无政府状态的消失，国家的政治权威也将消失。人终于成为自己的社会结合的主人，从而也就成为自然界的主人，成为自身的主人——自由的人。"②

作为人类历史上第一个非阶级社会制度——社会主义制度的目标指向就是实现"自由的人"，社会主义的最终目的就是为了实现人的真实自由和彻底解放。在马克思恩格斯的所有著作的最终指向上，都是要实现人的全面而自由发展，诸如《德意志意识形态》《1844年经济学哲学手稿》《共产党宣言》等就是从哲学、经济学等视野去关照人的发展问题。

---

① 《马克思恩格斯全集》（第二十二卷），人民出版社，1965，第628—629页。
② 《马克思恩格斯全集》（第十九卷），人民出版社，1963，第247页。

（三）列宁斯大林关于社会主义制度建设的重要思想

列宁是继马克思恩格斯之后伟大的无产阶级革命家、理论家和思想家，他发展了马克思主义，形成了列宁主义理论，马克思列宁主义者称他为"全世界无产阶级和劳动人民的伟大导师和领袖"。他在科学社会主义的发展史上，占有特殊重要的地位。他不仅站在他所处的时代高度从理论上探讨了社会主义革命首先在一国取得胜利的可能性，而且领导了十月革命，成为世界上第一个社会主义国家的主要缔造者，把社会主义从理论变成了现实，并对经济文化落后国家如何建设社会主义的问题作了进一步的探索，创造性地提出了一系列建设社会主义的理论和原则。

1. 列宁关于社会主义制度建设思想

20世纪初，列宁把马克思主义基本原理同俄国的具体实际相结合，领导俄国人民进行了十月革命，把马克思恩格斯提出的科学社会主义基本原则付诸实践，社会主义第一次从理想变成了现实。马克思、恩格斯认为经济文化落后国家走向社会主义必须要有发达资本主义国家首先或同时取得胜利，列宁关于社会主义革命"一国胜利论"改变了这一结论。十月革命胜利后，列宁又对如何建设社会主义进行了深入的思考和艰苦的探索，为后来社会主义的发展提供了丰富的思想财富。十月革命前后，列宁就阐述了在生产力水平较低的条件下实现向社会主义直接过渡的构想。国内战争基本结束后，列宁摒弃战时共产主义政策，实行与社会生产力相适应的新经济政策，阐述了如何建设社会主义经济、政治、文化的新思想。

2. 斯大林关于社会主义制度建设思想

列宁逝世后，苏联人民在以斯大林为首的苏联共产党的领导下，实现了社会主义工业化和农业集体化，形成了一整套社会主义的制度，包括社会主义的基本制度和具体的体制、运行机制。人们一般把它叫作苏联社会主义模式或"斯大林模式"。斯大林在领导苏联建立社会主义和建设社会主义的实践中，由于对社会主义基本特征的认识不足，其思想在实践中超越苏联经济社会发展水平、不利于社会主义建设发展，但仍对如何建设社会主义、建成什么样的社会主义等问题进行了有益探索。总的来说，苏联社会主义模式是苏联人民把科学社会主义基本原则同苏联具体国情相结合的产物。斯大林领导苏联人民建立了完整的社会主义制度。

（四）新中国成立后我们党对社会主义制度的理论探索

新中国成立后，我们党开始带领全国人民建设社会主义事业。经过充分的社会实践，我们党开始了对社会主义制度的理论探索。

1. 毛泽东对社会主义的探索和贡献

毛泽东思想是中国革命和建设经验的总结，是中国共产党集体智慧的结晶。在纪念毛泽东诞辰120周年座谈会上，习近平对毛泽东的历史地位和毛泽东思想的当代价值作出了充分肯定，认为"毛泽东同志属于中国，也属于世界。他不仅赢得了全党全国各族人民爱戴和敬仰，而且赢得了世界上一切向往进步的人们敬佩"，"毛泽东思想以独创性理论丰富和发展了马克思列宁主义"。回顾和梳理毛泽东对中国社会主义建设道路作出的实践探索与理论贡献，对于我们继续推进中国特色社会主义，实现中华民族伟大复兴具有十分重要的意义。

具体来看，毛泽东对中国社会主义制度建设的理论贡献可归纳为以下几方面：一是提出把党和国家的工作重点转到社会主义建设和技术革命上来。二是提出走自己的路，探索适合中国国情的社会主义建设道路。三是提出社会主义社会的基本矛盾和主要矛盾，为确立社会主义社会的根本任务、改革和完善社会主义制度提供了理论依据。四是提出社会主义现代化建设分两个步骤，进而提出中国社会主义的发展分两个阶段，为确立社会主义现代化发展战略和社会主义初级阶段理论，作了理论准备。五是提出社会主义社会还存在商品生产和商品交换，要尊重价值法则，大力发展商品生产。六是提出社会主义建设要处理好一系列重大关系，必须采取"统筹兼顾"的方针，成为我们今天推动经济社会发展的根本方法。七是提出正确处理人民内部矛盾的重要思想，对我们今天处理好新形势下的人民内部矛盾具有重要的指导意义。八是提出搞好民主集中制，形成又有集中又有民主的生动活泼的政治局面。九是提出"百花齐放、百家争鸣""古为今用、洋为中用"的文化方针。十是提出保持"两个务必"、密切党和人民群众血肉联系等一系列加强执政党建设的要求。

党的十八大报告指出："以毛泽东同志为核心的党的第一代中央领导集体带领全党全国各族人民完成了新民主主义革命，进行了社会主义改造，确立了社会主义基本制度，成功实现了中国历史上最深刻最伟大的社会变革，为当代中国一切发展进步奠定了根本政治前提和制度基础。在探索过程中，虽然经历了严重曲折，但党在社会主义建设中取得的独创性理论成果和巨大成就，为新的历史时期开创中国特色社会主义提供了宝贵经验、理论准备、物质基础。"[1]毛泽东对探索中国社会主义建设道路及社会主义制度作出了独创性理论贡献。

2. 邓小平对社会主义的探索和贡献

为了一扫"文化大革命"给中国社会带来的阴霾，邓小平锐意创新、大胆改革，在继承和发展了毛泽东思想的基础上，提出了改革开放，开创

---

[1]《中国共产党第十八次全国代表大会文件汇编》，人民出版社，2012，第10页。

了中国特色社会主义事业。可以说，中国特色社会主义，作为一个理论体系，是邓小平首先创立的。在中国特色社会主义理论指导下，形成了党的基本路线、基本纲领。邓小平理论对中国特色社会主义制度的确立、完善产生了至关重要的作用，是中国特色社会主义制度的直接理论来源。其对社会主义制度建设的理论探索和贡献如下：

（1）丰富和发展了马克思主义理论

邓小平在探索建立中国特色社会主义制度的过程中，从不同层面提出了关于政治、经济、文化方面的思想、言论。在经济发展上，他打破了固有传统，把非公有制和市场经济引入到社会主义发展上来，这对于社会主义的发展是项突破；在政治建设上，他打破苏联模式，废除领导干部职务的终身制，促进党政分离，不断探索还利于民的政治改革，这是对既往政治制度缺陷的弥补，促进了马克思主义理论的丰富和发展。总体来讲，邓小平个人为马克思主义在中国的丰富和发展作出了卓越的贡献，他发展完善中国特色社会主义制度这一过程实质就是对马克思主义的丰富和发展。

（2）充分发挥了社会主义制度的优越性

中国特色社会主义制度是社会主义基本制度与当代中国具体状况相结合的产物，它因为符合中国实际状况而具有较强的灵活性，同时又因为继承了社会主义制度的优势，又具有其他社会制度无法比拟的优越性。

（3）赋予社会主义制度以鲜明的中国特色

邓小平正是在马克思主义的基础上，结合中国国情，使国家既保证社会主义性质又体现中国特色，逐步推进了中国特色社会主义制度的发展和完善。

第一，他结合中国国情，作出了我国还处于社会主义初级阶段的正确判断，并提出巩固和发展社会主义制度还需要经历一个很长的历史阶段。第二，坚持并发展了社会主义社会基本矛盾理论。邓小平深刻地阐明了社会主义基本制度与具体体制的区别和联系，为社会主义改革和中国特色社会主义制度的确立奠定了科学的基础，并提出了改革是社会主义制度的自我完善和发展的思想。第三，对社会主义本质的探索，确立了社会主义的四个原则：发展生产力，共同富裕，公有制占主体，和平发展。四个原则既体现了中国生产力落后、经济基础薄弱的基本国情，又体现了社会主义的基本特征与价值追求，是中国共产党人社会主义观的新发展。第四，社会主义与市场经济没有根本矛盾。1992年邓小平南方谈话则最终从根本上解除了把计划经济和市场经济看作属于社会基本制度范畴的思想束缚。

总之，中国特色社会主义制度是社会主义中国发展进步的根本制度保障，它集中体现了中国特色社会主义的性质。只有坚持中国特色社会主义才能发展中国，才能促进中国特色社会主义制度的发展完善。中国特色社会主义制度的确立向世人证明，在中国共产党的领导下，中华民族坚持一切从实际出发，保持社会主义在中国发展过程中和中国的具体实际相结合，在坚持社会主义制度不变的前提下，中国人民蹚出了一条适合国家发展的道路。

（4）为中国特色社会主义制度进一步完善奠定理论基础

2011年胡锦涛在庆祝中国共产党成立90周年大会的讲话中首次提出中国特色社会主义制度，表明中国已从"摸着石头过河"的探索状态，进入到把握中国特色社会主义建设基本规律的自觉状态。毛泽东是中国社会主义制度的开创者和奠基人，他创立的社会主义制度具有中国特色。邓小平作为中国共产党第二代中央领导集体的核心人物，继承和发展了毛泽东开创的事业，对中国特色社会主义制度的完善与发展作出了重大贡献，开辟了中国特色社会主义道路，为中国特色社会主义制度的形成发展提供了根本前提。邓小平在改革开放的过程中，依据中国的特殊国情不断地进行探索，在其探索过程中提出建设中国特色社会主义，成为后来发展完善社会制度的前提条件。邓小平在对待旧有制度的问题上，对于那些不适合时代发展的旧制度勇于废止，对于适应新时代发展的制度勇于创新制定，正因如此，中国特色社会主义制度才得到了不断的丰富和完善。当中国发展徘徊不前，无法探明前进方向的时候，是邓小平凭借巨大的政治勇气和坚持真理的力量挽救了我们的党，其丰功伟绩将永远闪耀着光芒，指引着我们前进的方向。

三、中国特色社会主义制度的发展历程

中国特色社会主义制度，是当代中国发展进步的根本制度保障，集中体现了中国特色社会主义的特点和优势。但它不是一朝一夕就形成的，它是在中华民族不屈不挠的奋斗中一点一点形成的。

（一）中国特色社会主义制度的奠基

中国特色社会主义制度的建立，是中国共产党和中国人民共同努力奋斗的结果，有其曲折艰辛的奋斗历程。

1. 关于新中国政治经济制度的基本构想

中国革命胜利后，建立一个什么样的国家，这是党和毛泽东在长期的革命实践中认真思考和研究的一个重要问题。尤其在新中国成立前夕，毛泽东思考的重点就是即将建立的新中国的政治经济制度等重大问题。

（1）对新中国政治制度的构想

第一，提出建立人民民主专政的思想。1948年在西柏坡召开的中共

中央政治局九月会议上，毛泽东第一次提出，中国革命胜利后，要建立无产阶级领导的以工农联盟为基础的人民民主专政的国家。人民民主专政的基础是工人阶级、农民阶级和城市小资产阶级的联盟，主要是工农联盟。第二，关于新中国政权的组织形式。1940年1月，毛泽东在《新民主主义论》中明确指出，"国体——各革命阶级联合专政。政体——民主集中制"①。他认为，与人民民主专政的国体相适应，政体应该采用民主集中制的人民代表大会制度，中央和地方各级政府，都应当由各级人民代表大会选举产生。在中国采用民主集中制，开人民代表大会是很合适的，各方面都能接受。因此，与人民民主专政的国体相适应的人民代表大会制度，构成了新中国的根本政治制度。第三，阐述了中国共产党领导的多党合作的思想。新中国的国体是人民民主专政，同这种国体相适应的政党制度是中国共产党领导的多党合作和政治协商制度。第四，阐述了建立民族区域自治制度的构想。1937年8月，毛泽东在为中共中央宣传部起草的关于形势与任务的宣传鼓动提纲中明确提出："动员蒙民、回民及其他少数民族，在民族自决和自治的原则下，共同抗日。"②这一主张被中央政治局扩大会议采纳，并写入《抗日救国十大纲领》。1945年，毛泽东在中共七大政治报告中进一步强调："改善国内少数民族的待遇，允许各少数民族有民族自治的权利。"③1949年9月，民族区域自治这一建立新型民族关系的重大决策写入《中国人民政治协商会议共同纲领》（以下简称《共同纲领》），规定在国家统一领导下，"各少数民族聚居的地区，应实行民族的区域自治，按照民族聚居的人口多少和区域大小，分别建立各种民族自

---

① 《毛泽东选集》（第二卷），人民出版社，1991，第677页。
② 《毛泽东选集》（第二卷），人民出版社，1991，第355页。
③ 《毛泽东选集》（第三卷），人民出版社，1991，第1064页。

治机关"[1]。

（2）对新中国经济制度的构想

第一，关于新民主主义经济的性质。毛泽东在中共中央政治局九月会议上指出："我们的社会经济的名字还是叫'新民主主义经济'好。"[2]新民主主义经济的发展方向是社会主义。第二，关于新民主主义的经济结构。新民主主义的经济结构是以社会主义国营经济为主导、多种所有制经济并存。毛泽东在中共七届二中全会的报告中具体加以说明，国营经济是社会主义性质的，合作社经济是半社会主义性质的，加上私人资本主义，加上个体经济，加上国家和私人合作的国家资本主义经济，这些就是中华人民共和国的几种主要的经济成分，这些就构成新民主主义的经济形态。

新中国成立前夕，毛泽东具体设计了未来我国的政治制度和经济制度，为新中国的建立奠定了重要基础。新民主主义与社会主义在制度上还存在着差异，但是新民主主义的发展方向是社会主义。毛泽东在新中国成立前夕设计的制度框架和基本思路，已经勾画出了未来社会主义制度的雏形，为我国成功实现由新民主主义向社会主义的过渡奠定了基础。

2. 中国社会主义基本制度的确立

1949年9月，《共同纲领》把以毛泽东为主要代表的中国共产党人的建国构想确定下来。1954年9月，第一届全国人民代表大会第一次会议通过的《中华人民共和国宪法》，是在《共同纲领》基础上的进一步发展，从宪法层面对我国社会主义制度作出了系统全面的规定。1956年，我国完成了对个体农业、手工业和资本主义工商业的社会主义改造的任务，确立了社会主义经济制度。由此，"毛泽东关于新中国政治经济制度的科学构

---

[1]《建国以来重要文献选编》（第一册），中央文献出版社，1992，第12页。
[2]《毛泽东文集》（第五卷），人民出版社，1996，第139页。

想由抽象变为具体，由原则成为制度，由蓝图化为现实"①。

（1）社会主义政治制度的确立

第一，人民民主专政在全国的确立。1949年9月，中国人民政治协商会议第一届全体会议通过的《共同纲领》规定："中华人民共和国为新民主主义即人民民主主义的国家，实行工人阶级领导的、以工农联盟为基础的、团结各民主阶级和国内各民族的人民民主专政。"②第二，人民代表大会制度的确立。1954年，《中华人民共和国宪法》及《中华人民共和国全国人民代表大会组织法》的颁布，标志着人民代表大会制度确定了一种新型政权组织形式和民主程序，更重要的是确立了人民代表大会制度这一同人民民主专政的国体相适应的根本政治制度，为实现人民当家作主提供了根本的制度保证。第三，中国共产党领导的多党合作制度的形成。1949年9月，由各民主党派、无党派民主人士、各人民团体和中国共产党一道参加的中国人民政治协商会议的召开，不仅体现了中国共产党领导的多党合作的基本精神，而且标志着中国共产党领导的多党合作和政治协商制度在政治上、组织上的正式形成，这是我国社会主义制度的突出特点和优势。1954年通过的《中华人民共和国宪法》，对我国的政党问题作了明确规定，以根本大法的形式，确立了中国共产党领导的多党合作与政治协商制度。第四，民族区域自治制度的确立。《共同纲领》明确规定："各少数民族聚居的地区，应实行民族的区域自治，按照民族聚居的人口多少和区域大小，分别建立各种民族自治机关。"③从而把民族区域自治作为我国处理民族关系问题的制度选择以法律的形式确定下来。

---

①肖贵清等：《中国特色社会主义制度基本问题研究》，人民出版社，2013，第22—23页。
②《建国以来毛泽东文稿》（第一册），中央文献出版社，1992，第2页。
③中共中央文献研究室编《建国以来重要文献选编》（第一册），中央文献出版社，1992，第12页。

（2）社会主义法制的确立

1949年新中国成立后，为适应新的社会政治经济的发展和维护全新的社会关系和社会秩序的要求，我国开始展开大规模的法律创制活动。根据《共同纲领》，我国建立了中央国家机关和地方各级人民政府，开展了全国范围内的法制建设，先后制定了地方各级人民政府和司法机关的组织通则，制定了工会法、婚姻法、土地改革法以及有关劳动保护、民族区域自治和公私企业管理等法律、法令。1956年中央八大召开前，我国经济立法取得显著成效，民法立法框架已经基本形成，刑事立法初步展开，诉讼立法也开始启动，逐步形成了以宪法为核心的我国社会主义法律框架。这些法律的制定和执行对社会关系领域的变革、调整、维持和巩固起到了重要作用，为新生政权和社会主义制度的巩固和发展创造了条件，对中国特色社会主义法律体系的形成也具有奠基性意义。

（3）社会主义经济制度的确立

第一，社会主义所有制结构的确立。新中国成立后，随着国民经济恢复和发展，以及国内外情况的发展变化，1952年底，毛泽东提出党在过渡时期的总路线，"总路线也可以说就是解决所有制的问题"。

第二，社会主义计划经济体制的确立。随着所有制成分逐渐形成单一公有制，高度集中的计划经济体制逐渐建立。1954年9月通过的《中华人民共和国宪法》规定，国家用经济计划指导国民经济的发展和改造，使生产力不断提高，以改进人民的物质生活和文化生活，巩固国家的独立和安全。从《共同纲领》到1954年宪法，再到1956年完成社会主义改造的历史任务，社会主义基本制度在中国得以全面确立，奠定了当代中国一切发展和进步的根本制度基础。改革开放以来，中国特色社会主义制度的创新和发展，是在这一基础上进行的，是在新的历史条件下对我国社会主义制度的丰富和完善。

（二）中国特色社会主义制度的深入推进

1956年社会主义改造的基本完成标志着我国社会主义基本制度的确立。中国共产党开始对适合中国国情的社会主义经济、政治体制改革进行艰辛探索，这为我国社会主义制度的进一步发展积累了宝贵经验。改革开放以来，党对中国特色社会主义制度进行了创新，中国特色社会主义制度不断完善和发展。

1. 中国特色社会主义制度的主体构架基本形成

1978年12月18日至22日，十一届三中全会胜利召开，这是新中国成立以来中国共产党历史上具有深远意义的伟大转折，开启了改革开放的序幕。十一届三中全会以来，在解放思想、实事求是思想路线的指引下，中国共产党围绕着怎样建设社会主义的问题进行了全面的政策创新。十一届三中全会以后，以邓小平为核心的第二代中央领导集体，对中国特色社会主义制度进行的探索主要有以下几个方面：一是对党和国家领导制度的改革。二是恢复和发展了人民代表大会制度、共产党领导的多党合作和政治协商制度、民族区域自治制度，建立了基层群众自治制度的基础，创造性地提出了"一国两制"的科学构想。三是完善我国基本经济制度，逐步确立了建设社会主义市场经济体制的改革思路。四是社会主义法制建设逐步推进，为中国特色社会主义法律体系的形成奠定了基础。

2. 中国特色社会主义制度体系开始形成

党的十四大以后，我国的基本经济制度和各项民主政治制度基本形成，特别行政区制度也在香港和澳门成功实践，建立在基本政治经济制度基础上的体制和具体制度不断调整，逐步适应社会主义价值要求和改革开放以来社会发展的实践要求，同时，以宪法为核心的社会主义法律体系建设也取得了重大进展。到党的十六大召开时，中国特色社会主义制度建设取得了很多实质性的成果，初步形成了具有中国特色的社会主义制度体系。主要表现在：

（1）社会主义基本经济制度逐步完善，社会主义市场经济体制初步建立。党的十五大报告中明确提出："公有制为主体，多种所有制经济共同发展，是我国社会主义初级阶段的一项基本经济制度"，"非公有制经济是我国社会主义市场经济的重要组织部分"。[①]在此基础上，党的十六大提出了坚持和完善基本经济制度的三项原则。经过20世纪90年代的不断深化改革，到20世纪末，我国社会主义市场经济体制初步建立。

（2）政治体制改革进一步深入，各项民主政治制度进一步发展和完善。具体包括：完善人民代表大会制度；进一步完善各项民主政治制度；积极推进国家机构改革，削除政企不分的组织基础，逐步建立适应社会主义市场经济体制的中国特色的政府行政管理体制。

（3）确立依法治国的基本方略，以宪法为核心的中国特色社会主义法律体系框架基本形成。1999年通过的宪法修正案以根本大法的形式确定了"依法治国，建设社会主义法治国家"的基本方略。从政府行政法规开始用国务院令取代使用多年的"红头"文件，到《中华人民共和国行政诉讼法》《中华人民共和国国家赔偿法》《中华人民共和国行政处罚法》等多部法律的颁布实施，以法律的形式规制行政权力，强化对国家机关的监督，见证了中国在依法治国理念下建设现代法治政府的进程。

总之，从党的十四大到十六大这一时期，是中国特色社会主义制度

---

①中共中央文献研究室编《十五大以来重要文献选编》（上），中央文献出版社，2000，第20、22页。

的体系化建设阶段。这个时期党对中国特色社会主义制度的创新呈现出两个鲜明的特点：一是制度改革从经济和政治领域向其他领域延伸，涉及文化体制、社会体制、科技体制、教育体制等领域，形成全方位、宽领域的制度探索；二是制度建设从根本制度、基本制度深入到各项体制和具体制度，呈现出多层次、系统化的制度建设模式。因此，这一阶段的制度改革和完善不仅仅是在某一领域或某一层面展开，而是从多个领域、多个层面展开，体现了综合性和互动性。这一时期中国特色社会主义制度的体系构建还只是初步的，还需要实现各个领域和各个层面制度的贯通及衔接。

（三）中国特色社会主义制度的全面拓展

党的十七大从经济、政治、文化、社会四个方面论述了中国特色社会主义制度建设的基本要求，丰富了中国特色社会主义制度建设的基本思路。2011年，胡锦涛在庆祝中国共产党成立90周年大会的讲话中首次提出了"中国特色社会主义制度"的概念，阐述了中国特色社会主义制度的内涵、特点和优势。2012年，党的十八大阐述了中国特色社会主义制度与中国特色社会主义道路和理论体系的基本关系，强调全党要坚定中国特色社会主义的制度自信，标志着中国特色社会主义制度基本形成。2017年10月18日，党的十九大召开，习近平在十九大报告中首次提出"新时代中国特色社会主义思想"概念，并指出："经过长期努力，中国特色社会主义进入了新时代"，"明确全面深化改革总目标是完善和发展中国特色社会主义制度、推进国家治理体系和治理能力现代化"。可以说十九大的召开，标志着中国特色社会主义制度建设正引向深入，并得到了全面的拓展。这个时期对中国特色社会主义制度的创新和发展主要表现在以下几个方面：一是明确提出"中国特色社会主义制度"的概念，正式宣告中国特色社会主义制度已经确立。二是社会主义市场经济体制逐步成熟，中国特色社会主义基本经济制度进一步完善。三是以实现人民民主为目标，各项民主政治制度进一步健全、完善和发展。四是依法治国基本方略全面落实，中国特色社会主义法律体系基本形成。

四、中国特色社会主义制度的体系结构

我们党在社会主义革命、建设和改革的过程中，积极推进社会主义制度自我完善和发展，在经济、政治、文化、社会等各个领域形成了一整套相互衔接、相互联系的中国特色社会主义制度体系。这个制度体系由四部分组成：政治制度、法律体系、经济制度、具体制度。

（一）中国特色社会主义政治制度

1. 中国特色社会主义的根本政治制度

人民代表大会制度是我国的根本政治制度，同时，人民代表大会制度是人民民主专政的政权组织形式。人民代表大会制度是以人民代表大会为政权组织形式，以民主集中制为组织原则，由人民选举代表组成国家权力机关，统一领导国家事务的制度。坚持和完善这一制度是发展社会主义民主政治、建设社会主义政治文明的重要内容。

1954年9月15日，第一届全国人民代表大会第一次会议召开，会议通过的《中华人民共和国宪法》，以根本大法的形式，明确规定了我国的国体和政体。我国的国体是人民民主专政，人民民主专政实行对大多数人的民主，对极少数敌人的专政，其本质是保障人民当家作主。这是由中国革

命的艰巨性和中国社会的复杂性所决定的。中国革命胜利后建立的政权，既不可能是资产阶级的专政，也不可能是无产阶级一个阶级的专政，而只能是各革命阶级的联合专政，也就是现在说的"人民民主专政"。与这种政权性质相适应的政权组织形式，既不能采用旧民主主义的议会制，也不能照搬俄国十月革命后的苏维埃制，而只能吸收革命统一战线内各革命阶级、各方面代表人物共同参加人民代表会议，最后形成人民代表大会制度。只有这样的制度，才具有最广泛的社会基础，才能充分反映各方面的意志和要求，才会极大地焕发各族人民的民主意识和革命热情，也才能最有力量去完成革命和建设的各项任务。

2. 中国特色社会主义的基本政治制度

中国特色社会主义基本政治制度主要有三项内容，即中国共产党领导的多党合作和政治协商制度、民族区域自治制度以及基层群众自治制度。

（1）中国共产党领导的多党合作和政治协商制度

中国共产党领导的多党合作和政治协商制度，是马克思主义政党理论和统一战线学说与我国实际相结合的产物，是我国的一项基本政治制度。它既不同于西方资本主义国家的多党制或两党制，也有别于一些国家实行的一党制。中国共产党领导的多党合作和政治协商制度，是在党领导人民争取民族独立和阶级解放的长期武装斗争历程中逐步形成的，是在我们党领导全国人民进行社会主义建设和改革开放的伟大历程中不断完善发展起来的。

作为国家的一项基本政治制度，我国的多党合作制度规定了中国共产党和各民主党派在国家政治生活中的地位、作用和相互关系。中国共产党处于领导和执政地位。中国共产党领导中国人民完成了新民主主义革命的任务，实现了民族独立和人民解放；建立了人民当家作主的国家政权，维护了国家统一和各民族团结；建立了社会主义制度，实现了中国历史上最广泛最深刻的社会变革；开创了中国特色社会主义事业，为实现国家富强和人民幸福探索出了一条正确道路。中国共产党的坚强领导是中国实现社会主义现代化的根本保证，是维护中国国家统一、社会和谐稳定的根本保证，是把亿万人民团结起来、共同建设美好未来的根本保证。这是中国各族人民在长期革命、建设、改革实践中形成的政治共识。

（2）民族区域自治制度

中华人民共和国是一个统一的多民族国家。据2010年第六次全国人口普查数据显示，55个少数民族人口为11.38万人左右，占全国人口的8.49%。①中国各族人民团结一心，共同为缔造统一的多民族国家努力奋斗。五十六个民族的人民，汇聚成中华大家庭；五十六个民族的文化，凝结成灿烂的中华文明。只有各民族共同发展，中华民族才能更加和谐有序地发展。

1949年9月29日，中国人民政治协商会议第一次全体会议通过了《共同纲领》，在这部起到临时宪法作用的文件中，专章论述了民族政策，提出：“各少数民族聚居的地区，应实行民族的区域自治。”民族自治地方的自治机关行使《宪法》第三章第五节规定的地方国家机关的职权，同时依照宪法、民族区域自治法和其他法律的规定行使自治权。自治权主要包括七项内容：（1）自主管理本民族、本地区的内部事务；（2）享有制定自治条例和单行条例的权利；（3）使用和发展本民族语言文字；（4）尊重和保障少数民族宗教信仰自由；（5）保持或者改革本民族风俗习惯；（6）自主安排、管理、发展经济建设事业；（7）自主发展教育、科技、

①参见《中国2010年第六次全国人口普查汇总数据》，国家统计局，2012年7月23日。

文化等社会事业。

我国民族区域自治制度还具有显著的优势：第一，民族区域自治保障了各民族人民充分行使当家作主的权利。第二，民族区域自治保障了对少数民族干部的培养、选拔和使用。重视培养和使用少数民族干部，是我们党一贯的方针。第三，民族区域自治保障了民族地区经济文化社会事业的发展。第四，民族区域自治保障了祖国统一、民族团结和社会稳定。加强民族团结，反对民族分裂，维护祖国统一，保持社会稳定，是国家最高利益之所在，是各族人民根本利益之所在，也是巩固国防的基本前提，更是确保边疆长治久安的重要基础。

（3）基层群众自治制度

基层群众自治制度，是指我国城乡居民群众以相关法律法规政策为依据，在城乡基层党组织领导下，在居住地范围内，依托基层群众自治组织，直接行使民主选举、民主决策、民主管理和民主监督等权利，实行自我管理、自我服务、自我教育、自我监督的制度与实践。从形式上讲，目前我国的基层群众自治包括农村的村民自治和城市的居民自治，也包括企事业单位的职工代表大会制度和业主委员会等群众性社会组织的基层群众自治。从一定意义上说，基层群众自治是人民当家作主最有效、最广泛的途径。

（二）中国特色社会主义法律体系

全面依法治国，建设社会主义法治国家，是中国特色社会主义的本质要求和重要保障，是中国共产党领导人民治理国家的基本方略。形成中国特色社会主义法律体系，有利于国家和社会生活各方面有法可依，是全面落实依法治国基本方略的前提和基础，是中国发展进步的制度保障。

中国特色社会主义法律体系是中国特色社会主义永葆本色的法制根基，是中国特色社会主义创新实践的法制体现，是中国特色社会主义兴旺发达的保障。

1. 中国特色社会主义法律体系的内容

中国目前的法律体系大体由七个法律部门和三个不同层级的法律规范构成。七个法律部门分别是宪法、民商法、行政法、经济法、社会法、刑法和程序法。三个不同层级的法律规范是指法律、行政法规、地方性法规三个层次。国家的经济、政治、文化和社会生活基本的、主要的方面已经做到了有法可依，为全面落实依法治国方略、构建社会主义和谐社会、实现全面建设小康社会的宏伟目标，奠定了坚实的法律基础。

（1）宪法是我国的根本大法，是治国安邦的总章程

宪法相关法是与宪法配套、直接保障宪法实施的宪法性法律规范的总和，包括《全国人民代表大会组织法》《民族区域自治法》《香港特别行政区基本法》《全国人民代表大会和地方各级人民代表大会代表法》《国旗法》《国徽法》等。宪法规定了我国的基本经济制度和分配制度，明确坚持改革开放，发展社会主义市场经济，为深化改革、扩大开放、促进发展提供了坚实的法律保障。宪法规定的人民代表大会制度、中国共产党领导下的多党合作与政治协商制度、民族区域自治制度等，在实践中得到坚持和完善，有力地推动了我国社会主义民主政治建设的发展。宪法对公民的基本权利和义务作了全面的规定，为广大人民群众充分享有民主权利，在国家生活中发挥积极性、主动性、创造性提供了可靠的法律保障，极大地促进了我国人权事业和各项社会事业的发展。宪法对公民的基本权利和义务作了全面的规定，为广大人民群众充分享有民主权利，在国家生活中发挥积极性、主动性、创造性提供了可靠的法律保障，极大地促进了我国

人权事业和各项社会事业的发展。

（2）发展社会主义民主政治的法律不断健全

人民代表大会制度、中国共产党领导的多党合作和政治协商制度、民族区域自治制度、基层群众自治制度等不断完善和发展，公民的基本权利得到尊重和保障。选举法、全国人大组织法、国务院组织法、地方各级人大和地方各级政府组织法、民族区域自治法、法院组织法、检察院组织法、立法法、监督法等，规定了立法、行政、司法机关的产生、职能、活动以及监督等，保证了人民依照法律规定，通过各种途径和形式，管理国家事务，管理经济和文化事务，管理社会事务，保证了在人民代表大会制度下，整个国家机构按照一切权力属于人民和民主集中制的原则组成和运转，国家各项工作有序、高效地进行。行政许可法、行政处罚法、行政监察法、行政复议法等法律的颁布实施，对于加强社会管理、提供公共服务、建设法治政府发挥了重要的作用，加强了对行政权力的规范、制约和监督，推进了行政管理体制改革的深化。村民委员会组织法、城市居民委员会组织法等，进一步扩大了农村、城市的基层民主，保证人民群众依法直接行使民主权利，依法管理自己的事情，有力推进了基层民主的发展。香港、澳门特别行政区基本法的颁布实施，为香港、澳门施政、立法和司法提供法律依据，体现了"一国两制"的构想，维护了国家的主权和领土完整，维护促进了香港、澳门的繁荣稳定。

（3）规范和保障社会主义市场经济的法律不断完善

改革开放以来，我国陆续制定了民法通则等民事法律。民法通则规定了民法的调整对象、基本原则、民事主体、民事行为、民事权利、民事责任，为社会主义市场经济提供基础法律准则。特别是随着社会主义市场经济的建立与完善，规范市场主体及其行为、维护市场秩序、保护知识产权、加强宏观调控、促进对外开放等方面法律相继出台，为经济健康协调可持续发展，提供了重要的法律保障。专利法、商标法、著作权法等，为知识产权提供法律保护。反不正当竞争法、反垄断法、产品质量法等，在保护和促进公平竞争，维护市场秩序方面发挥了重要作用。在充分发挥市场机制、优化资源配置的同时，运用法律手段对经济发展进行适度宏观调控。预算法、个人所得税法、企业所得税法、税收征收管理法等，为相关领域进行宏观调控提供法律保障。中国人民银行法等，加强对金融业的监督管理，保证了国家货币政策的正确制定和执行，促进了中央银行调控体系的建立和完善。

（4）促进社会主义社会建设和文化事业的法律不断完善

制定劳动法、劳动合同法、就业促进法、安全生产法、职业病防治法等，规范、调整用人单位和劳动者权利义务关系，依法促进就业，保护劳动者人身安全和身体健康。制定社会保险法，建立和完善社会保障制度，保障公民的生存权和发展权。制定老年人权益保障法、妇女权益保障法、未成年保护法、残疾人保障法等，对弱势群体的合法权益予以保护。制定了科技、文化、卫生等方面的法律，促进社会事业健康发展。

（5）促进社会主义生态文明建设的法律不断完善

适应建设资源节约型和环境友好型社会，实现可持续发展的要求，环境法制建设不断加强。环境保护法、环境影响评价法、大气污染防治法、水污染防治法、海洋环境保护法、环境噪声污染防治法、固体废物污染环境防治法、放射性污染防治法、清洁生产促进法、节约能源法、可再生能源法、水土保持法、矿产资源法等，以法律的形式明确了环境保护的基本制度，对于保护和改善环境、促进资源的合理开发和利用、促进我国生态文明建设发挥了重要的作用。

中国特色社会主义法律体系是社会主义制度和社会主义价值观的重要载体，体现了党的主张和人民意志的有机统一，反映了我国现代化建设的历史进程，总结和确认了改革开放以来的最新成果，推动了我国改革开放伟大事业，对于维护社会主义法制统一、保证国家长治久安、坚持和发展中国特色社会主义发挥了重要作用。当然，中国特色社会主义法律体系需要与时俱进，不断完善。

2. 中国特色社会主义法律体系的特征

中国特色社会主义法律体系，是中国特色社会主义伟大事业的重要组成部分，是全面实施依法治国基本方略、建设社会主义法治国家的基础，是新中国成立近70年特别是改革开放40年来经济社会发展实践经验制度化、法律化的集中体现，具有十分鲜明的特征。一是这个法律体系体现了中国特色社会主义的本质要求。二是这个法律体系体现了改革开放和社会主义现代化建设的时代要求。三是这个法律体系体现了结构内在统一而又多层次的科学要求。四是这个法律体系体现了继承中国法制文化优秀传统和借鉴人类法制文明成果的文化要求。五是这个法律体系体现了动态、开放、与时俱进的发展要求。

3. 中国特色社会主义法律体系的意义

中国特色社会主义法律体系的形成，是我国社会主义民主法制建设史上的重要里程碑，具有重大的现实意义和深远的历史意义。

（1）中国特色社会主义法律体系是中国特色社会主义永葆本色的法制根基

中国特色社会主义法律体系，以宪法和法律的形式，确立了国家的根本制度和根本任务，确立了中国共产党的领导地位，确立了马克思列宁主义、毛泽东思想、邓小平理论、"三个代表"重要思想、科学发展观和习近平新时代中国特色社会主义思想的指导地位，确立了工人阶级领导的、以工农联盟为基础的人民民主专政的国体，确立了人民代表大会制度的政体，确立了国家一切权力属于人民、公民依法享有广泛的权利和自由，确立了中国共产党领导的多党合作和政治协商制度、民族区域自治制度以及基层群众自治制度，确立了公有制为主体、多种所有制经济共同发展的基本经济制度和按劳分配为主体、多种分配方式并存的分配制度。

中国特色社会主义法律体系的形成，夯实了立国兴邦、长治久安的法律根基，从制度上、法律上确保中国共产党始终成为中国特色社会主义事业的领导核心，确保国家一切权力牢牢掌握在人民手中，确保民族独立、国家主权和领土完整，确保国家统一、社会安定和各民族大团结，确保坚持独立自主的和平外交政策、走和平发展道路，确保国家永远沿着中国特色社会主义的正确方向奋勇前进。

（2）中国特色社会主义法律体系是中国特色社会主义创新实践的法制体现

改革开放以来，我们把改革开放和社会主义现代化建设的实践经验上升为法律，并与时俱进，根据改革开放中出现的新情况新问题，从推动经济发展方式转变，推动依法行政和公正司法，推动以保障和改善民生为重点的社会建设，推动社会主义文化大发展大繁荣，推动人与自然和谐相处等方面，制定和完善相应的法律制度，充分发挥法律的规范、引导、保障和促进作用。中国特色社会主义法律体系的形成，从制度上、法律上保障国家始终坚持改革开放的正确方向，着力构建充满活力、富有效率、更加开放、有利于科学发展的体制机制，推动我国社会主义制度不断自我完善和发展。

（3）中国特色社会主义法律体系是中国特色社会主义兴旺发达的法

制保障

中国特色社会主义法律体系的形成，把国家各项事业发展纳入法制化轨道，从制度上、法律上解决了国家发展中带有根本性、全局性、稳定性和长期性的问题，为社会主义市场经济体制的不断完善、社会主义民主政治的深入发展、社会主义先进文化的日益繁荣、社会主义和谐社会的积极构建，确定了明确的价值取向、发展方向和根本路径，为建设富强民主文明和谐的社会主义现代化国家、实现中华民族伟大复兴奠定了坚实的法制基础。

（三）中国特色社会主义基本经济制度

中国特色社会主义基本经济制度就是指以公有制为主体、多种所有制经济共同发展。这是具有中国特色的结合我国的具体国情发展起来的经济制度；它是社会主义性质，而不是资本主义性质的制度。我们要坚持和完善基本经济制度，巩固和发展公有制经济，同时鼓励、支持和引导非公有制经济发展。

1. 中国特色社会主义基本经济制度的内涵及其发展

党的十五大报告中明确提出："公有制为主体、多种所有制经济共同发展，是我国社会主义初级阶段的一项基本经济制度。"[1]社会主义初级阶段基本经济制度的确立是对社会主义基本经济制度中的所有制理论的重大创新，也是对所有制结构改革经验的总结。非公有制经济地位得到明显提高，非公有制经济的重要性日益凸显出来。2002年，党的十六大报告中明确提出的"两个毫不动摇"的方针是处理公有制经济和非公有制经济

---

①中共中央文献研究室编《十五大以来重要文献选编》（上），中央文献出版社，2000，第20页。

的根本原则，在这样的基础上，基本经济制度才能得到坚持和发展。所有制结构理论又取得了新进展。党的十七大报告在坚持"两个毫不动摇"方针的基础上，进一步强调指出"坚持平等保护物权，形成各种所有制经济平等竞争、相互促进新格局"①。这一方针的提出，对于处理公有制经济和非公有制经济的发展关系有着重要的意义。党的十八届三中全会在坚持"两个毫不动摇"基本方针的基础上，在《中共中央关于全面深化改革若干重大问题的决定》中进一步指出："国有资本、集体资本、非公有资本等交叉持股、相互融合的混合所有制经济，是基本经济制度的重要实现形式，有利于国有资本放大功能、保值增值、提高竞争力，有利于各种所有制资本取长补短、相互促进、共同发展。"②发展混合所有制经济，是新时代坚持公有制主体地位，增强国有经济活力、控制力、影响力的一个有效途径和必然选择；也是推动非公有制经济健康发展、激发非公有制经济活力和创造力的一个有效途径和必然选择。党的十九大报告中，习近平明确提出："必须坚持和完善我国社会主义基本经济制度和分配制度，毫不动摇巩固和发展公有制经济，毫不动摇鼓励、支持、引导非公有制经济发展。"③习近平指出实行公有制为主体、多种所有制经济共同发展的基本经济制度，是中国共产党确立的一项大政方针。

综上所述，中国特色社会主义基本经济制度是公有制为主体、多种所有制经济共同发展的基本经济制度，从我国现阶段的基本国情来看，中国特色社会主义基本经济制度应该包含两方面的内涵：第一方面体现在中国

①中共中央文献研究室编《十七大以来重要文献选编》（上），中央文献出版社，2009，第20页。

②中共中央文献研究室编《十八大以来重要文献选编》（上），中央文献出版社，2014，第515页。

③习近平：《决胜全面建成小康社会 夺取新时代中国特色社会主义伟大胜利——在中国共产党第十九次全国代表大会上的报告》，人民出版社，2017，第21页。

特色社会主义基本经济制度以公有制为主体，另外一方面体现在发展多种所有制经济，非公有制经济已经不仅仅是公有制经济的有益补充，更是我国国民经济发展的重要力量，非公有制经济和公有制经济在社会主义市场经济中相互促进，共同发展。

2. 中国特色社会主义基本经济制度的主要内容

十九大报告中指出："我国经济已由高速增长阶段转向高质量发展阶段，正处在转变发展方式、优化经济结构、转换增长动力的攻关期，建设现代化经济体系是跨越关口的迫切要求和我国发展的战略目标。必须坚持质量第一、效益优先，以供给侧结构性改革为主线，推动经济发展质量变革、效率变革、动力变革，提高全要素生产率，着力加快建设实体经济、科技创新、现代金融、人力资源协同发展的产业体系，着力构建市场机制有效、微观主体有活力、宏观调控有度的经济体制，不断增强我国经济创新力和竞争力。"[1]习近平新时代中国特色社会主义经济思想的提出，让21世纪中国的马克思主义更加旗帜鲜明，其中所展现出的强大真理力量让世界更深刻地认识了反映中国立场、中国智慧、中国价值的理念、主张和方案。

（1）实行公有制为主体、多种所有制经济共同发展的基本经济制度

实行公有制为主体、多种所有制经济共同发展的基本经济制度，是中国共产党确立的一项大政方针，是中国特色社会主义基本经济制度的重要组成部分，更是完善社会主义市场经济体制的必然要求。

（2）实行按劳分配为主体的多种分配方式并存的分配制度

党的十九大报告中明确指出："我国仍处于并将长期处于社会主义初级阶段的基本国情没有变，我国是世界最大发展中国家的国际地位没有

---

①习近平：《决胜全面建成小康社会　夺取新时代中国特色社会主义伟大胜利——在中国共产党第十九次全国代表大会上的报告》，人民出版社，2017，第30页。

变。"社会主义初级阶段的基本国情，决定了我们国家的基本经济制度必须坚持按劳分配为主体、多种分配方式并存的分配制度。因此，这项分配制度还需长期坚持下去。

（3）实行国家主导型的多结构市场制度

国家主导型的多结构市场制度，是指多结构地发展市场体系，在发挥市场对资源配置的基础性作用的同时，在廉洁、廉价、民主、高效的基础上发挥国家调节的主导作用。我国经过经济体制改革，最终在1992年党的十四大上把社会主义市场经济体制作为改革的目标，而作为经济体制改革目标的社会主义市场经济实质上是一种现代市场经济，在国家宏观调控下发挥市场在资源配置中的基础性作用。

（4）实行自立主导型的全方位开放制度

"自立主导型的全方位开放制度，是指处理好引起国外技术和资本同自力更生发展自主知识产权和高效利用本国资本的关系，实行内需为主并与外需相结合的国内外经济交往关系，促进追求引进数量的粗放型开放模式向追求引进效益的质量型开发模式转变，从而尽快完成从贸易大国向贸易强国和经济大国向经济强国的转型。"[1]这项制度是我国改革开放以来逐步形成的对外开放制度，这项制度的实施和运用，是对马克思主义基本理论的创新的发展，科学地回答了在社会主义中国实行对外开放政策的过程中，如何处理好开放与保护之间关系的问题。

3. 完善中国特色社会主义基本经济制度的基本路径

（1）大力发展混合所有制经济

混合所有制，是指"由两种或两种以上的原生所有制结合而成的次

---

①程恩富：《和谐社会需要"四主型经济制度"》，《长江论坛》2007年第1期。

生所有制，或者说是由公有制和私有制这两种基本所有制形式结合而成的一种新生的所有制"[1]。党的十九大报告中明确提出："深化国有企业改革，发展混合所有制经济，培育具有全球竞争力的世界一流企业。"[2]新时代，我们要不断深入对混合所有制经济的理解，要在规范的股份制基础上建立股东会、董事会和经营层相互制衡、相互协调的现代企业制度。要更加有效地整合各类资源，形成强有力的企业经营决策团队，培育出大批具有技术开发能力、国际竞争能力和成长性强的企业，这些企业是增强创新活力、实现产业升级的重要依托力量。要通过发展混合所有制经济，用较少的国有资本控股较多的非国有资本，这样既有利于坚持公有制主体地位，发挥国有经济主导作用，又能不断增强国有经济活力、控制力、影响力；民营企业可以改善经营管理，建立现代企业制度，优化产品结构，激发发展活力，使企业获得长期发展动力。在取得经验基础上稳妥有序开展国有控股混合所有制企业员工持股，有利于增强企业的凝聚力和竞争力。

（2）不断调整和完善现代产权制度

建立完善的现代产权制度是发展混合所有制经济的制度基础，只要建立健全归属清晰、权责明确、保护严格、流转畅通的现代产权制度，完善各项产权保护制度，清理和规范各项产权保护的法律法规，才能为发展混合所有制经济奠定制定基础。改革开放以来，我国涌现出许多有代表性的优秀工业企业，这些企业的发展成绩，充分展现了我国社会主义基本经济制度的强大生机活力。其中，既包括国有企业改革的成功案例，比如中联重科；也有集体所有制企业改革的成功案例，比如海尔集团；还有民营股

---

[1]晓亮：《所有制理论与所有制改革》，上海财经大学出版社，2002，第121页。
[2]习近平：《决胜全面建成小康社会　夺取新时代中国特色社会主义伟大胜利——在中国共产党第十九次全国代表大会上的报告》，人民出版社，2017，第33页。

份合作制企业成长为世界著名高科技公司的典型案例，比如华为公司。虽然这些成功案例的背后，在所有制方面各有不同，但我们也要关注到这些成功的案例有一个共同特征：这些企业都得益于股权结构的不断调整和现代企业制度的不断完善，在产权清晰的基础上建立了规范的股份制和科学的公司治理结构。从这些成功企业的实践经验看，通过发展混合所有制经济，不断调整和完善现代企业制度，我国私营企业在所有制关系、分配关系和劳动者关系上都发生了积极变化。

（3）实现全体人民共同富裕

坚持以公有制为主体、多种所有制经济共同发展的基本经济制度，是我国各族人民共享经济社会发展成果的经济制度保证，也是巩固党的执政地位、坚持我国社会主义制度的重要保证。促进发展成果更多更公平惠及全体人民，逐步实现全体人民共同富裕，既是我国经济发展的重要目标，也是坚持和完善我国社会主义基本经济制度的必然要求。我们党在开启改革开放征程之初就作出了一个重要决策，就是允许和支持一部分人、一部分地区通过诚实劳动和合法经营先富起来，鼓励先富起来的帮助未富起来的，以利于全体人民和各个地区逐步实现共同富裕。这是改革的重大举措，也是发展的重大方略。实践证明，实行这一基本经济制度之后，全国上下和城乡两地，在生产上形成了以公有制经济为主体、公有制与非公有制经济共同发展的新局面，在分配上形成了以按劳分配为主体、按劳分配与按要素分配相结合的多种分配方式并存的新局面。可以说，不断解放和发展社会生产力，逐步实现全体人民共同富裕，是实行公有制为主体、多种所有制经济共同发展的基本经济制度要实现的两个重要目标。

经过40年改革开放，我国经济总量已上升为世界第二位，经济实力、科技实力、国防实力、综合国力进入世界前列，人民生活水平大幅度提高，创造了人类历史上前所未有的发展奇迹。40年来，公有制经济和非公有制经济都得到长足发展，公有制企业和非公有制企业中的广大劳动者和经营管理人员都对我国改革发展作出了巨大贡献。公有制经济主体地位不断得到巩固，国有经济主导作用得到充分发挥，国有企业持续做强做优做大；非公有制经济健康发展，活力和创造力不断提高。公有制经济、非公有制经济相辅相成、相得益彰。事实证明，在我国社会主义初级阶段，实行公有制为主体、多种所有制经济共同发展的基本经济制度是适应生产力发展和经济社会全面进步要求的，是完全正确的，必须不断完善、长期坚持。

（4）注重引导中小企业加大研发投入力度

目前，我国民营企业90%以上是中小企业。当前，世界新一轮科技革命和产业变革正在兴起，许多中小企业充分发挥创新能力强、机制灵活、市场敏锐的优势，紧紧依靠技术创新，主动对接国际先进技术，在市场形势比较低迷的情况下，仍显示出较强的生机和活力。注重引导中小企业加大研发投入力度，真正掌握核心技术，真正做到痛定思痛，加快推进互联网和信息产业政策完善及科技体制改革，产生更强的改革紧迫感，凝聚起更大的改革力量，才有可能把挑战变成机遇。

（5）注重走转型优化升级之路

当前，我国经济已由高速增长阶段转向高质量发展阶段，正处在转变发展方式、优化经济结构、转换增长动力的攻关期。在这种情况下，传统企业要实现持续健康发展，必须顺应发展大势，结合自身所处的行业发展和企业自身实际，走转型优化升级之路。

要按照十九大精神，推动民营企业中的传统产业大力开展技术创新和技术改造，向价值链高端提升；推进工业化信息化融合，提升智能制造水平；注重质量品牌建设，提升制造品质和企业竞争力；通过投资项目转移产能和合作，利用技术、管理、产品等优势进军海外，获取更大发展空间和优势。

（6）推动形成全面开放新格局

党的十九大报告中明确提出，要"推动形成全面开放新格局。开放带来进步，封闭必然落后。中国开放的大门不会关闭，只会越开越大。要以'一带一路'建设为重点，坚持引进来和走出去并重，遵循共商共建共享原则，加强创新能力开放合作，形成陆海内外联动、东西双向互济的开放格局"①。十九大报告中突出强调要以"一带一路"建设为重点，"一带一路"建设是我国在新的历史条件下实行全方位对外开放的重大举措、推行互利共赢的重要平台。我们要拓展对外贸易强调培育贸易新业态新模式，坚持引进来和走出去并重。创新对外投资方式，优化区域开放布局，才能更好地推动形成全面开放新格局。

（四）中国特色社会主义具体制度

中国特色社会主义制度由根本制度、基本制度、具体制度等不同层次组成，形成了一个完整的制度体系。具体制度可以从政治制度、经济制度、文化制度、社会制度、生态制度这几方面来分析，这时的制度也可称为体制。

1. 政治体制

政治体制就是具体的政治制度，是政治制度的具体表现和实现形式，主要包括政党、政权机关和其他政治组织的结构体系、职能划分及其运作方式。"政治体制一般分为两个层面：一是国家权力结构体制，主要包括执政党的产生方式与执政方式，国家立法、行政、司法权限的划分及其相

①习近平：《决胜全面建成小康社会　夺取新时代中国特色社会主义伟大胜利——在中国共产党第十九次全国代表大会上的报告》，人民出版社，2017，第34—35页。

互关系，国家基本的选举制度和决策模式等；二是政府行政管理体制，主要指政府机构的设置及其职能、政府的社会调控机制、国家人事制度等。"[1]我国的政治体制就是社会主义民主政治体制。民主政治体制的本质属性就是人民当家作主，因此，我国政治体制改革的愿景就是要大力发展社会主义民主政治。

2. 经济体制

我国实行的经济体制是社会主义市场经济体制，这一体制是建立在我国社会主义初级阶段的基本经济制度的基础之上的具体经济制度，是社会主义与市场经济相结合的产物，是在我国实行改革开放以后所建立的市场经济体制。建立和完善社会主义市场经济体制是中国进一步深化经济体制改革的一项重要内容。早在1992年，邓小平视察南方，谈话时首次提出要进行社会主义市场经济体制改革，党的十四大正式提出建立社会主义市场经济体制。党的十九大报告中明确指出，要"加快完善社会主义市场经济体制。经济体制改革必须以完善产权制度和要素市场化配置为重点，实现产权有效激励、要素自由流动、价格反应灵活、竞争公平有序、企业优胜劣汰"。[2]

社会主义市场经济体制是一种史无前例的经济体制，也是中外经济学经典中从来没有的一个概念，体现了中国特色社会主义经济制度的创新性。从理论层面上看，这是我们党在经济制度层面上的一次真正的理论创新，也是马克思主义中国化的一个光辉典范。从实践层面上看，社会主义市场经济体制实现了社会主义经济体制的一次真正变革，体现了中国特色

---

① 黄卫平、陈文：《中国政治体制改革现状及其成因浅析》，《社会科学研究》2008年第2期。

② 习近平：《决胜全面建成小康社会 夺取新时代中国特色社会主义伟大胜利——在中国共产党第十九次全国代表大会上的报告》，人民出版社，2017，第33页。

社会主义制度实践探索中的一个伟大创举。

3. 文化体制

文化体制是适应一定社会政治经济发展要求，能够推动文化发展繁荣、促进文化产业发展壮大的具体制度和机制的总和。文化体制服务于国家根本、基本政治制度，对社会文化起引导、管理、规范、培育等作用，是社会与国家、公民与政府之间的文化状态、文化利益分配和文化权利关系的体现。"我国的文化体制大致包括以下内容：（1）文化管理体制，主要指党领导文化工作、政府配置文化资源、管理文化机构和文化团体的体制机制，也包括文化领域内党政机关和企业事业单位的机构设置与权力权限的划分；（2）文化单位的所有制关系、分配管理、管理运作机制；（3）文化建设所遵循的指导思想、方针政策、法律法规等。"[①]

党的十九大报告指出："推动文化事业和文化产业发展。满足人民过上美好生活的新期待，必须提供丰富的精神食粮。要深化文化体制改革，完善文化管理体制，加快构建把社会效益放在首位、社会效益和经济效益相统一的体制机制。"[②]习近平在十九大报告中提出，要坚定文化自信，推动社会主义文化繁荣兴盛。没有高度的文化自信，没有文化的繁荣兴盛，就没有中华民族伟大复兴。要坚持中国特色社会主义文化发展道路，激发全民族文化创新创造活力，建设社会主义文化强国。

4. 社会体制

学术界对于社会体制的定义不尽相同，有的学者认为，"社会体制是指一种规范，是为了社会生活而建立的约束个人行为的规范，包括如何最有效

[①]谢武军：《文化体制改革的历程和面临的问题》，《理论视野》2009年第11期。
[②]习近平：《决胜全面建成小康社会 夺取新时代中国特色社会主义伟大胜利——在中国共产党第十九次全国代表大会上的报告》，人民出版社，2017，第43—44页。

最合理地分配财产，如何对社会生活决策以及如何参与社会生活等"。[1]也有学者认为，"社会是为了保障人们的基本生存机会、条件和权利的领域，或者简单地说社会就是指公共产品配置领域，所以，社会体制就是围绕公共产品配置而进行的一系列制度安排"。[2]总体来说，社会体制就是对公共事务和公共服务进行规范与管理的一系列制度和规范的总称，主要包含教育、就业、收入分配、社会保障、医疗卫生和社会管理等领域。

当前，我国正处于全面深化改革的新时代，各种深层次的社会矛盾日益凸显出来，社会体制改革的任务非常艰巨，要加快推进社会体制改革，真正把人民的利益放在至高无上的地位，"保障和改善民生要抓住人民最关心最直接最现实的利益问题，既尽力而为，又量力而行，一件事情接着一件事情办，一年接着一年干。坚持人人尽责、人人享有，坚守底线、突出重点、完善制度、引导预期，完善公共服务体系，保障群众基本生活，不断满足人民日益增长的美好生活需要，不断促进社会公平正义，形成有效的社会治理、良好的社会秩序，使人民获得感、幸福感、安全感更加充实、更有保障、更可持续"[3]。让改革发展成果更多更公平地惠及全体人民，只有这样我们才能实现全体人民的共同富裕。

5. 生态文明体制

建设生态文明是中华民族永续发展的千年大计，是实现中华民族伟大复兴的中国梦的重要内容。十九大报告中提出："我们要建设的现代化是人与自然和谐共生的现代化，既要创造更多物质财富和精神财富以满足人民日益增长的美好生活需要，也要提供更多优质生态产品以满足人民日益增长的优

---

①丁元竹：《当代中国社会体制的改革与创新》，《开放导报》2012年第3期。

②李友梅：《关于社会体制基本问题的若干思考》，《探索与争鸣》2008年第8期。

③习近平：《决胜全面建成小康社会　夺取新时代中国特色社会主义伟大胜利——在中国共产党第十九次全国代表大会上的报告》，人民出版社，2017，第45页。

美生态环境需要。"①我们一定要深刻领会加快生态文明体制改革、建设美丽中国的重大部署，2018年9月，中共中央政治局会议审议通过了《生态文明体制改革总体方案》，提出推进生态文明体制改革要坚持正确方向，坚持自然资源资产的公有性质，坚持城乡环境治理体系统一，坚持激励和约束并举，坚持主动作为和国际合作相结合，坚持鼓励试点先行和整体协调推进相结合，推动形成人与自然和谐发展的现代化建设新格局。

五、中国特色社会主义制度的优越性

每一种社会制度都有着其自身的特征使其区别于其他社会制度，中国特色社会主义制度也不例外，有着自身鲜明的特征和独特的优势。中国特色社会主义制度是在改革开放40年的伟大实践中探索出来的，是在中华人民共和国成立近70年的建设实践中探索出来的，是在我们党领导人民进行伟大社会革命90多年的奋斗实践中探索出来的，总之，中国特色社会主义制度是历史的必然，是人民的选择，是当代中国发展进步的根本制度保障。

（一）中国特色社会主义政治制度的优越性

在中国共产党领导下建立和完善的人民代表大会制度和多党合作与政治协商制度，既与苏联的政治制度有明显区别，也与西方轮流坐庄的选举政治有显著差异，具有鲜明的特色和优势：一是中国共产党具有高度的组织性，从党的中央组织到地方组织，通过严密的组织体系能够产生强大的

---

①习近平：《决胜全面建成小康社会　夺取新时代中国特色社会主义伟大胜利——在中国共产党第十九次全国代表大会上的报告》，人民出版社，2017，第50页。

组织力，从而保证全国能够集中统一领导，并能够集中力量办大事。二是我国政治制度执行力强，行政效率高，是既有监督又有协商的社会主义新型民主。三是由于实现了集中统一领导，因此执行力强，政治制度具有稳定性和连续性。这样就避免了资本主义国家多党制的互相掣肘互相扯皮。

（二）中国特色社会主义经济制度的优越性

列宁说过，社会主义就是要创造比资本主义更高的劳动生产率。新中国成立后，依靠社会主义制度，仅用十余年时间就推动了生产力的大发展，基本实现工业化，为后来的发展进步奠定了稳固的物质基础。改革开放以来，由于改变了高度集中的计划经济体制，逐步建立和完善了社会主义市场经济体制，使经济发展跃居世界前列，日益显示出中国特色社会主义经济制度的优势和特点：一是在保持公有制经济占主体地位的前提下，将市场作用和政府作用结合起来。二是我国经济建设的根本目标和方向是实现最广大人民的根本利益，走共同富裕的道路。三是我国坚持公有制为主体、多种所有制经济共同发展，坚持市场配置资源和政府调控相结合，能有效地避免危机与风险。

中国特色社会主义是一项全新的、伟大的事业。无论是在人类社会发展史上，还是在世界社会主义发展史上都没有先例。在以习近平为核心的党中央坚强领导下，全党全国各族人民一定会夺取决胜全面建成小康社会、建设社会主义现代化强国的新胜利，中国特色社会主义制度一定会更加充分地显示出优越性和吸引力，中华民族一定会为世界和平和人类进步作出新的更大的贡献。

第五章
中国特色社会主义文化

在科学技术迅猛发展的当今世界，衡量一个国家的实力强弱不仅要看物质财富的多寡和社会发展速度的快慢，而且要看文化事业和精神文明建设的发展水平，要看人才资源和智力资源开发的程度。十九大报告指出："中国特色社会主义文化是激励全党全国各族人民奋勇前进的强大精神力量。"①

一、中国特色社会主义文化的科学内涵

中国特色社会主义文化建设是一个系统而全面的工程，我们应该从全方位的角度去审视中国特色社会主义文化建设的科学内涵。

（一）中国特色社会主义文化的定义

毛泽东在《新民主主义论》一文中，指出新民主主义文化的内涵"就

---

① 习近平：《决胜全面建成小康社会　夺取新时代中国特色社会主义伟大胜利——在中国共产党第十九次全国代表大会上的报告》，人民出版社，2017，第17页。

是无产阶级领导的人民大众的反帝反封建的文化"①，这为中国特色社会主义文化的内涵奠定了初始前提。邓小平在提出中国现代化建设纲领时，曾明确指出："我们要在建设高度物质文明的同时，提高全民族的科学文化水平，发展高尚的丰富多彩的文化生活，建设高度的社会主义精神文明。"②邓小平主张物质文明建设和精神文明建设两手都要抓，两手都要硬，这为中国特色社会主义文化的内涵提供了重要参考。江泽民正式提出了中国特色社会主义文化的概念，他指出："建设有中国特色社会主义的文化，就是以马克思主义为指导，以培育有理想、有道德、有文化、有纪律的公民为目标，发展面向现代化、面向世界、面向未来的，民族的科学的大众的社会主义文化。"③胡锦涛则进一步指出："建设社会主义文化强国，必须走中国特色社会主义文化发展道路，坚持为人民服务、为社会主义服务的方向，坚持百花齐放、百家争鸣的方针，坚持贴近实际、贴近生活、贴近群众的原则，推动社会主义精神文明和物质文明全面发展，建设面向现代化、面向世界、面向未来的，民族的科学的大众的社会主义文化。"④党和国家的领导人的论述，进一步丰富和发展了中国特色社会主义文化的内涵。

习近平总书记在十九大报告中指出："中国特色社会主义文化，源自于中华民族五千多年文明历史所孕育的中华优秀传统文化，熔铸于党领导人民在革命、建设、改革中创造的革命文化和社会主义先进文化，植根于中国特色社会主义伟大实践。发展中国特色社会主义文化，就是以马克思主义为指导，坚守中华文化立场，立足当代中国现实，结合当今时代条件，发展面向现代化、面向世界、面向未来的，民族的科学的大众的社会

①《毛泽东选集》（第二卷），人民出版社，1991，第698页。
②《邓小平文选》（第二卷），人民出版社，1994，第208页。
③《江泽民文选》（第二卷），人民出版社，2006，第17—18页。
④《十八大报告辅导读本》，人民出版社，2012，第31页。

主义文化，推动社会主义精神文明和物质文明协调发展。要坚持为人民服务、为社会主义服务，坚持百花齐放、百家争鸣，坚持创造性转化、创新性发展，不断铸就中华文化新辉煌。"①这是习近平总书记结合新的时代背景，在我国全面进入新时代中国特色社会主义建设的新时期，对中国特色社会主义文化所作的更为详细的概括和说明。

中国特色社会主义文化既继承了中国五千年优秀传统文化，又不断创新发展，体现了对中国社会在革命、建设、改革过程中所形成的各种思想文化的凝练和升华，并特别突出了中国特色社会主义文化植根于中国特色社会主义的伟大实践，只有深深扎根于中国特色社会主义的伟大实践，在实践中产生，在实践中发展，在实践中进一步接受检验，中国特色社会主义文化才能向纵深发展，才能更加灿烂辉煌。

（二）中国特色社会主义文化的发展方向

中国特色社会主义文化来自于中国优秀传统文化，更为重要的是，中国特色社会主义文化是面向未来的，为未来开辟方向的，它告诉人们应该朝着哪个方向迈进，应该树立什么样的追求目标，进而为人们提供思想认识上的有效支撑。

中国特色社会主义文化建设的发展方向，有着许多的价值维度，比如，为人民服务，为社会主义建设服务，为提升人的精神境界服务，为塑造时代新人服务，等等。这些都是中国特色社会主义文化建设的十分重要的方向选择，或者说是基本的方向选择。而且，在不同的历史时期，中国特色社会主义文化也作出了不同的方向选择。在我国全民进入中国特色社会主义的时

---

①习近平：《决胜全面建成小康社会　夺取新时代中国特色社会主义伟大胜利——在中国共产党第十九次全国代表大会上的报告》，人民出版社，2017，第41页。

代背景下，中国特色社会主义文化建设的发展方向，就是要实现中华民族伟大复兴的中国梦。但中国特色社会主义文化建设的最终发展方向，还是要落实和直指未来的共产主义社会。社会主义社会是共产主义社会的初级阶段，相应的社会主义文化也应当是共产主义文化的初级阶段或前期准备阶段。我国依然处于并将长期处于社会主义初级阶段，建设和发展中国特色社会主义及其文化，不仅仅是为现阶段实现中华民族伟大复兴的中国梦，更应该是立足当前、展望未来，朝着共产主义及其文化的生成和发展而进行建设。朝向共产主义社会，是中国特色社会主义文化建设发展的终极方向。

（三）中国特色社会主义文化的地位与作用

中国特色社会主义文化标志着我们党对文化自身发展规律的高度自觉，展现了独具中国特色的文化魅力，在建设中国特色社会主义伟大事业的过程中具有重要地位与作用。

1. 中国特色社会主义文化是我国综合国力的重要表现

综合国力是一个国家所拥有的全部实力的总和，不仅包含着客观的经济、军事、人口等硬实力，而且越来越体现在思想、文化、理念等软实力上。中国特色社会主义文化的社会主义本质属性，决定了其在文化软实力中的核心地位和关键作用，是我国综合国力的重要组成部分。

习近平总书记指出："文化软实力集中体现了一个国家基于文化而具有的凝聚力和生命力，以及由此产生的吸引力和影响力。古往今来，任何一个大国的发展进程，既是经济总量、军事力量等硬实力提高的过程，也是价值观念、思想文化等软实力提高的进程。"[1]提升国家文化软实力，

---

[1] 中共中央宣传部编《习近平总书记系列重要讲话读本》，人民出版社、学习出版社，2014，第102页。

关系着我国在世界文化格局中的定位，关系着我国的国际地位和国际影响力，关系着"两个一百年"奋斗目标和中华民族伟大复兴中国梦的实现。

中国特色社会主义文化建设作为我国文化软实力的重要支撑，在我国综合国力提升的过程中，在整个世界范围内的影响和作用上，都具有十分重要的地位。

2. 中国特色社会主义文化是推动中国特色社会主义事业的重要动力

文化能够推动社会发展。中国特色社会主义文化建设为中国特色社会主义事业的发展，提供强有力的精神力量和动力支持，是保证中国特色社会主义各方面建设和发展的重要推动力量。

中国特色社会主义文化具有高度的凝聚力和向心力，能够从文化的高度上使广大人民群众凝聚到中国特色社会主义事业的建设和发展实践中。中国特色社会主义文化是中国特色社会主义事业建设和发展的灵魂和动力，从整体上为经济、政治、社会、生态等方面的建设提高思想准备、智力支持和精神动力，为破解各种建设难题和深化改革奠定思想文化的基础。就此而言，中国特色社会主义文化奠定中国特色社会主义事业发展的思想文化基础，形成基本的思想文化的推动力，于中国社会主义国家现代化建设有利，也对中国谋求国际地位、构建新型国家关系有利。

改革开放以来中国特色社会主义建设成就举世瞩目，但相应的国际地位、国家话语体系等建构相对滞后，影响我国的进一步发展。其中，一个十分重要的原因就是中国特色社会主义文化未能真正实现"走出去"，没有被更加广泛地理解和接受。为此，我们要推进和深化中国特色社会主义文化建设，积极促进中国特色社会主义文化被世界各国人民认识、理解直至接受和认同，建构起新型的国际话语权体系，营造有利于中国特色社会主义事业发展的国际环境。

二、中国特色社会主义文化的基本特征

中国特色社会主义文化在几千年中国传统文化的基础上，历经近代以来西方文化的冲击和马克思主义的洗礼，体现出民族性、时代性、先进性和开放性的特征。

（一）民族性

民族性是中国特色社会主义文化的本质特征。任何一种文化都是在本民族文化的基础上衍生发展出来的，所以，民族性是文化的基本特征。中国特色社会主义文化是属于中华民族自己的文化，是中华民族历经近现代的艰难曲折，自己作出的正确选择。这种选择是在结合时代特征、国情，继承中国优秀传统文化基础上的创造和凝练。中国传统文化历经几千年的积淀，已经深深地融入每一个中国人的骨髓里、血脉中，成为每一个中华民族成员内在的思想文化基因和民族个性。这也正如习近平所指出的那样：中国传统思想文化"体现着中华民族世世代代在生产生活中形成和传承的世界观、人生观、价值观、审美观等，其中最核心的内容已经成为中华民族最基本的文化基因。这些最基本的文化基因，是中华民族和中国人民在修齐治平、尊时守位、知常达变、开物成务、建功立业过程中逐渐形成的有别于其他民族的独特标识"①。中国特色社会主义文化建设，必然不可脱离中国传统的思想文化，必然要立足于中国传统的思想文化，要以传统思想文化中的优秀成分，涵育、支撑、推动中国特色社会主义文化的繁荣和发展。

---

① 习近平：《在纪念孔子诞辰2565周年国际学术研讨会暨国际儒学联合会第五届会员大会开幕会上的讲话》，《人民日报》2014年9月25日。

（二）时代性

时代是不断发展的，文化要跟上时代的发展就必须不断地创新、发展，这就意味着先进的文化必须具有时代性。中国特色社会主义文化就是具备时代性的一种先进文化。这也是对中国社会进入新时代，中国特色社会主义在新时代的反映。

习近平总书记在十九大报告中，对我国进入中国特色社会主义新时代这个新的历史方位作出了全面的阐述。他指出："这个新时代，是承前启后、继往开来、在新的历史条件下继续夺取中国特色社会主义伟大胜利的时代，是决胜全面建成小康社会、进而全面建设社会主义现代化强国的时代，是全国各族人民团结奋斗、不断创造美好生活、逐步实现全体人民共同富裕的时代，是全体中华儿女勠力同心、奋力实现中华民族伟大复兴中国梦的时代，是我国日益走近世界舞台中央、不断为人类作出更大贡献的时代。"①这就是说，新时代不仅对中国特色社会主义建设提出了新要求，也对中国特色社会主义文化建设提出了更高的标准和要求。

在中国特色社会主义新时代，我们面临着社会主要矛盾已经转化为人民日益增长的美好生活需要和不平衡不充分的发展之间的矛盾的新问题，而这深刻揭示了当前我国发展状况和人民生活状况的时代特点，对党和国家各方面工作都提出了新的要求。中国特色社会主义文化的发展，要紧密关注我国新时代的各种新变化，反映新时代的新需求，成为新时代的最强音。

---

①习近平：《决胜全面建成小康社会　夺取新时代中国特色社会主义伟大胜利——在中国共产党第十九次全国代表大会上的报告》，人民出版社，2017，第10—11页。

（三）先进性

中国特色社会主义文化要与时俱进，紧跟时代步伐，反映时代变化，实质就是要求中国特色社会主义文化建设要具有先进性。

中国特色社会主义文化建设要具有先进性，就是要求中国特色社会主义文化要始终处于建设和发展之中，破解当代中国社会所面对的各种问题，走在时代的前沿，发挥引导、指导和规范的作用。腐朽没落的文化必将被历史所淘汰，进步发展的文化必将立于时代的潮头。中国特色社会主义文化要想始终处于先进的地位，要想始终富有生机和活力，就必须保持变革和创新，从而适应新时代的变化，走在时代的前沿。而不是一味地固守某一特定阶段所提出来的特定的文化建设观点。比如，中国特色社会主义文化诞生于中国革命战争年代，当时是一种十分先进的思想文化，反映了中国革命战争的内容。但是，到了新中国成立之后，在以和平和建设为主题的时代背景下，在"文革"期间，文化没有作出相应的调整和变革，还是延续了战争、斗争的主题，这给我国社会主义建设带来了非常负面的影响。总结经验，总结历史，我们在建设中国特色社会主义文化的过程中，一个十分重要的特征和要点就是，要使中国特色社会主义文化不落后，避免带来负面的效应，就必须始终保持中国特色社会主义文化的先进性，只有始终保持中国特色社会主义文化的先进性，才能够真正引导中国特色社会主义事业的前进和发展。

（四）开放性

改革开放向世界打开了中国的大门，经济全球化使世界变成了地球村。中国特色社会主义文化具有强大的开放性和包容性，兼收并蓄。在全球各国的沟通与交流中，相互借鉴，共同发展。

如今，中国社会正在加快对外开放的步伐，无论是"一带一路"建设，还是"人类命运共同体"的提出，都体现了文化、文明的交流和互鉴，都体现了当前中国特色社会主义文化建设的对外开放性。这是历史的必然，也是时代的客观要求。相反，文化的闭关锁国、夜郎自大，游离于世界发展潮流之外，最终会带来整个国家、社会、民族的文化衰退和落后，甚至是消亡，那又何谈保持文化本身的先进性呢？比如中国明清时期统治者的闭关锁国政策，就埋下了近现代中国屈辱史和文化危机的病根。"以史为鉴，可以知兴替。"中国特色社会主义文化建设再也不能走闭关锁国的老路、错路，也不能走偏向全盘西化的邪路、歪路，而应该在保持本我的基础上，继续施行文化的"引进来"和"走出去"，以开放包容的态度汲取世界各个国家文明的有益成果。这就犹如毛泽东所指出的那样："我们决不可拒绝继承和借鉴古人和外国人，哪怕是封建阶级和资产阶级的东西。"[1]所以，习近平总书记提出的"一带一路"建设倡议和"人类命运共同体"的理念，深刻体现了中国特色社会主义文化建设的开放性特征，顺应了民族文化全球化和全球文化民族化的发展大势。构建"一带一路"，不仅仅应该是经济、政治、社会等方面的交往，更应该是人文思想的交流和互鉴，凝聚共识，进而形成牢固广泛的社会基础。

习近平总书记在《共同构建人类命运共同体》一文中指出："坚持交流互鉴，建设一个开放包容的世界。'和羹之美，在于合异。'人类文明多样性是世界的基本特征，也是人类进步的源泉。世界上有200多个国家和地区、2500多个民族、多种宗教。不同历史和国情，不同民族和习俗，

---

[1]《毛泽东选集》（第三卷），人民出版社，1991，第860页。

孕育了不同文明，使世界更加丰富多彩。文明没有高下、优劣之分，只有特色、地域之别。文明差异不应该成为世界冲突的根源，而应该成为人类文明进步的动力。每种文明都有其独特魅力和深厚底蕴，都是人类的精神瑰宝。不同文明要取长补短、共同进步，让文明交流互鉴成为推动人类社会进步的动力、维护世界和平的纽带。"①从一定意义上说，"共同构建人类命运共同体"的思想文化主张，是中国特色社会主义社会，更准确地说是中国特色社会主义文化的重要成果和成就。"人类命运共同体"区别于以往的西方文化霸权主义，以中国的责任和担当，结合中国特色社会主义文化的开放性特征，对人类社会未来的国家、民族之间的交往，提出了新的方法、新的形式、新的途径。

不管是"一带一路"倡议，还是"构建人类命运共同体"，都深刻地体现出中国特色社会主义文化建设具有全球化视野、人类整体意识，以及对外开放的雄心壮志。

三、中国特色社会主义文化建设的指导思想

习近平指出："文化是一个国家、一个民族的灵魂。文化兴国运兴，文化强民族强。没有高度的文化自信，没有文化的繁荣兴盛，就没有中华民族伟大复兴。要坚持中国特色社会主义文化发展道路，激发全民族文化创新活力，建设社会主义文化强国。"②由此可见，中国特色社会主义文

①习近平：《习近平谈治国理政》（第二卷），外文出版社，2017，第543—544页。
②习近平：《决胜全面建成小康社会　夺取新时代中国特色社会主义伟大胜利——在中国共产党第十九次全国代表大会上的报告》，人民出版社，2017，第40—41页。

化具有重要地位和重大作用。要发展中国特色社会主义文化必须要有一个正确的指导思想，唯有在一个正确思想的指导下，我们才能够保证文化建设的正确方向、积极作用。那么，中国特色社会主义文化建设的指导思想是什么呢？

（一）马克思主义

习近平总书记在十九大报告中明确指出："意识形态决定文化前进方向和发展道路。"[①]中国特色社会主义文化，之所以是中国特色社会主义特征和属性的文化，而不是其他什么特征和属性的文化，这就意味着中国特色社会主义文化是有着并且是要非常凸显自己所隶属的意识形态的。中国特色社会主义文化是要鲜明体现出马克思主义意识形态特征和属性的文化，所以，中国特色社会主义文化建设是以马克思主义为根本指导思想的文化建设。

马克思主义是中国特色社会主义文化的根本意识形态，这决定了马克思主义对中国特色社会主义文化建设的指导地位，即中国特色社会主义文化建设，必须坚持以马克思主义为根本指导思想，要深度体现马克思主义的世界观和方法论，要体现马克思主义的立场、观点和方法，尤其要体现马克思主义的理想信念、价值取向。

2016 年 5 月 17 日，习近平总书记在哲学社会科学工作座谈会上的讲话中指出："坚持以马克思主义为指导，是当代中国哲学社会科学区别于其他哲学社会科学的根本标志，必须旗帜鲜明加以坚持。"[②] 中国特色社会

---

①习近平：《决胜全面建成小康社会　夺取新时代中国特色社会主义伟大胜利——在中国共产党第十九次全国代表大会上的报告》，人民出版社，2017，第41页。
②习近平：《在哲学社会科学工作座谈会上的讲话》，人民出版社，2016年，第8页。

主义文化建设，是我国哲学社会科学建设和发展的重要内容之一，为此，也必然要旗帜鲜明地坚持马克思主义的指导地位，要形成和具有中国哲学社会科学的特征和属性。明确中国特色社会主义文化建设要以马克思主义为指导，是中国特色社会主义文化建设的首要前提，也是重要的发展方向和机制保障。这是中国特色社会主义文化不同于其他文化形式的重要标志。

1. 马克思主义唯物史观对中国特色社会主义文化的指导

马克思主义唯物史观是具体指导中国特色社会主义文化建设的理论基础。唯物史观是马克思一生的两个重大发现之一，是马克思主义理论诞生、体现马克思主义理论对以往理论学说超越的重要标志。马克思主义唯物史观的创立，使得人们能够以科学而深刻的观点、视角，去深入地理解人类社会历史变化发展的内在规律，它使得种种历史之谜得以破解，使人们能够看到人类社会历史变迁的实质和真相。自从马克思主义的唯物史观诞生以来，人们运用唯物史观的基本原理，采用唯物史观的观点、方法和视角，使得人们对自身所组成的社会体系及其变化发展的历史，有了一个更加清晰而深刻的认识。

马克思主义的唯物史观从人类大量思想意识观念、各种文化思想的背后，找到了这些意识形态背后的物质动因，并揭示了各种意识形态变化发展的内在规律。这使得我们能够更加深入和实质地把握了人类社会历史的各种思想文化，也据此能够把握人类社会历史变迁的内在的客观规律。马克思主义唯物史观的创立，是对以往各种历史观，尤其是唯心史观的重大颠覆和理论创新，是我们审视人类社会历史各种现象的有力的思想武器。所以，运用马克思主义的唯物史观，是解读中国特色社会主义文化内容、实质、特征、规律、指向的重要理论基础，而且在此基础上，唯物史观是直接指导中国特色社会主义文化建设的最为重要的指导思想。只有运用唯物史观的基本立场、主要观点和方法逻辑，才能够有效和深入推进中国特色社会主义文化的建设。

（1）唯物史观关于社会存在与社会意识的辩证关系原理

马克思主义唯物史观认为社会存在决定社会意识，社会存在是社会意识的来源和内容，社会存在的变化会导致社会意识发生相应的变化。同时，社会意识是社会存在的一种反映，并且社会意识会反作用于社会存在，先进的社会意识会推动社会存在的发展，相反，落后的社会意识则会阻碍社会存在的发展。我们应该坚持和相信唯物史观从社会存在的角度去解析社会意识的思维进路，因为社会意识有其独立性，而且这种独立性特别凸显，是人类区别于其他物种的重要标志，正是因为人类的思想意识具有独立性，才会支撑社会意识对社会存在具有巨大的反作用。但要想真正弄清楚社会意识的来源、内容、实质以及变化发展的客观规律，单从社会意识自身是无法得到令人满意的解释的，必须要借助于社会存在的客观的内容。社会意识具有鲜明的主观性，其各种表现形式都是主观的，但社会意识的内容则是客观的，而且内容是决定形式的，只有从客观的社会存在出发，才能够真正把握各种社会意识的实质内容和根本性质。

中国特色社会主义文化，从狭义界定的角度来看，反映了当前中国人民的精神状况和思想理念，是一种意识形态，其根本实质是属于人们的精神世界领域的。所以，研究中国特色社会主义文化的内容、特征、指向、作用，就必然要与中国特色社会主义文化所依据的客观的社会存在，即我国广大人民群众所体现出来的广泛而深刻的生产生活的实际状况紧密结合起来，这样才能够真正解读中国特色社会主义文化的实质内涵。我国当前的文化之所以被称为中国特色社会主义文化，一个十分重要的原因，就是它是对中国特色社会主义建设有着深刻反映。在当代中国，唯有中国特色社会主义文化才能够真实反映、更好诠释、坚实支撑中国特色社会主义的伟大实践。也正是中国特色社会主义的建设和发展的客观的社会存在，才孕育了中国特色社会主义文化，反过来，中国特色社会主义文化也是中国特色社会主义社会的最深刻的反映。

中国特色社会主义文化，如果从历史阶段的角度来看，主要是在中国共产党的领导下、在革命战争和和平建设年代中不断形成、不断积累和不断塑造的文化，是对我国近现代社会独立、解放、建设、发展的概括和总结。也就是说，在我国近现代历史发展的进程中，中国社会经历了太多的曲折、困难和挑战，无数的仁人志士也试图从思想文化的角度去解释和破解，但他们都未能从根本上拯救中国，只有在马克思主义理论的指导下，切合中国实际、反映中国国情的、具有中国特色的社会主义文化，才占据了主导，发挥出了巨大的历史作用。我们将中国的实际与马克思主义相结合，构成了具有中国特色的社会主义文化。

历史和现实证明，只有中国特色社会主义文化才是真实反映中国社会近现代历史正确的文化，才是广大人民群众切实需要的文化，也只有中国特色社会主义文化才能够真正推动中国社会的建设和发展。我们应该始终高举中国特色社会主义文化的伟大旗帜，在中国特色社会主义建设的新的伟大征程中，发挥出更为巨大的作用。

（2）唯物史观关于经济基础和上层建筑的辩证关系原理

唯物史观将人类社会发展的基本规律归结为生产关系一定要适应生产力、上层建筑一定要适应经济基础状况的规律，并将人类社会发展的基本矛盾归结为生产力与生产关系、经济基础与上层建筑之间的辩证矛盾。当然，生产力与生产关系二者之间的矛盾是人类社会的基本矛盾，因为生产力和生产关系是人类社会存在和发展的物质动因，是支撑整个社会历史客观存在的根本方面。如果没有坚实的物质生产生活资料的生产，人类社会就会趋于灭亡。在生产力和生产关系这一根本性矛盾的基础和前提下，唯物史观又进一步揭示了经济基础和上层建筑二者之间的辩证关系。基于经济基础之上的各种生产关系，人类社会形成了庞大而复杂的上层建筑体系，有政治的上层建筑体系，也有思想观念的上层建筑体系。唯物史观认为，经济基础决定上层建筑，经济基础决定上层建筑的性质、变化和发展，上层建筑会反过来制约、影响经济基础，当上层建筑适应经济基础的要求和发展时，就会起促进作用，反之就会起阻碍作用。

恩格斯在《反杜林论》中对经济基础决定上层建筑的原理作了一段十分经典的论述，他指出："每一时代的社会经济结构形成现实基础，每一个历史时期的由法的设施和政治设施以及宗教的、哲学的和其他的观念形式所构成的全部上层建筑，归根到底都应由这个基础来说明。"①

从马克思恩格斯的论述中，我们可以十分清晰而深刻地看到，人类的各种上层建筑，包括思想文化，归根到底是由经济基础决定的。这就意味着要想深刻认识上层建筑的各个方面，尤其是其中所蕴含的思想文化，只有在经济基础中才能找到最深厚的根源、最有力的佐证。很明显，文化作为一种思想意识形式，是隶属于上层建筑范畴之内的。或者说，人类的政治、法律、哲学、宗教等各种上层建筑形式，虽然各有所指，但都是人类文化的重要体现。进一步说，人类的政治、法律、哲学、宗教等上层建筑形式，本身就是人类所创造的文化，是人类在漫长的社会治理、建构过程中，所不断积累、不断完善、不断塑造的文化。所以，从经济基础决定上层建筑的角度来看，要想解析各种思想文化，只有从经济基础的角度才能

---

① 《马克思恩格斯选集》（第三卷），人民出版社，1995，第365页。

够得到更深刻的阐释和说明。

中国特色社会主义文化，不仅是对中国特色社会主义这一特定社会存在的反映，更为深刻的是对中国特色社会主义的经济基础的反映。中国特色社会主义的经济基础，主要是指以公有制为主体的多种所有制并存的经济制度，和以按劳分配为主体的多种分配方式并存的分配制度。从另一个角度来看，这就是中国社会现实的人们的各种生产关系的总和。这决定了中国特色社会主义的经济基础是社会主义性质的，决定了人们之间的生产、分配、交换、消费，以及分工、协作等各种生产关系，这已不同于资本主义的对抗和剥削的生产关系，是反映社会主义优势，体现社会主义特征的相互协助、共同发展、共同富裕的生产关系。这决定了对中国特色社会主义经济基础之上的中国特色社会主义文化，一定是以人民为中心的、为着广大人民群众根本利益的、真正为广大人民群众服务的思想文化。

2. 马克思主义的实践论对中国特色社会主义文化建设的指导

人类的实践活动，就是人类最切实、最真实、最现实的存在方式，构成了人类能动的实践活动的内在本质。这也就意味着从人类的实践活动出发，就能够找到人类所有秘密的根源，找到人类社会所有现象的最深厚的基础。对此，马克思指出："全部社会生活在本质上是实践的。凡是把理论引向神秘主义的神秘东西，都能在人的实践中以及对这个实践的理解中得到合理的解决。"[1]所以，从人类的现实的实践活动出发，以人类的实践活动为根基，是马克思主义理论区别于其他一切理论的重要标志。

按照马克思主义实践论的观点，实践构成了人类认识的基础和来源，是人类各种思想意识形成和发展的重要动力，而且，实践最终能够检验认

①《马克思恩格斯选集》（第一卷），人民出版社，1995，第56页。

识是否具有真理性。马克思的实践论深刻揭示了人类的知行关系，在行中得知，在知的指导下加深和推动行。可以说，正是在知行反复循环、不断促进和加深的过程中，人类的实践活动能力、人类的思想认识能力都获得了提升，人类的思想文化也逐渐丰富和深刻起来。

从实践与认识的辩证关系原理来看，很明显，中国特色社会主义文化作为一种思想，必然是在广大人民群众的社会实践之中得以形成和发展的，是广大人民群众鲜活的社会实践活动创造了中国特色社会主义文化。所以，广大人民群众的广泛而深刻的社会实践活动，是中国特色社会主义文化最深厚的根基。

任何一种思想文化，都不是无源之水、无本之木，它的形成、发展，直至成为某一特定的文化形态，都可以在它所依托的特定社会和特定人群的实践活动中找到最深刻、最本质的渊源。

中国特色社会主义文化，首先来源于中华民族几千年的优秀的传统文化，而中华民族优秀的传统文化，则是深深地扎根于中华民族几千年来深厚的社会历史实践活动之中的。没有广大劳动群众对大自然的改造，没有各个历史朝代知识分子对传统思想文化的概括和总结，没有普通民众对广阔而丰富的社会实践活动的体验与认知，就不可能形成源远流长的丰富繁荣的中国优秀传统文化。中国特色社会主义文化对我国优秀传统文化的继承和发扬，从实质来说，就是对中华民族几千年的社会历史实践活动的继承和发展。

其次，中国革命文化也是中国特色社会主义文化的重要来源。中国共产党领导广大人民群众翻身求解放，推翻三座大山，解决内忧外患，在不懈抗争中形成的革命文化是最具有中国特色的文化。中国近现代历史的发展，可谓曲折艰辛，忍辱负重，在中国共产党的领导下，广大人民群众不畏强敌、英勇战斗，以巨大的牺牲赢得新民主主义革命的胜利，缔造了新中国，实现了中华民族的独立和解放。所以，革命文化带给我们的，不只是胜利后的喜悦和对先烈们的追思，更多的是革命先烈们用鲜血和生命凝结成的革命的精神，这些伟大的光荣的革命传统必将指引中国特色社会主义文化更进一步发展，也必将成为建设中国特色社会主义的强大思想武器。

最后，广大人民群众的实践活动也是中国特色社会主义文化的来源之一。习近平总书记提出"实干才能兴邦"，要大家"撸起袖子加油干"，表明只有在具体而现实的实践活动中，在不懈的努力和奋斗中，才能谱写最美丽的时代华章，进而也才能够创造和推动最富有内容、最具有活力、最能体现我国当前各行各业、各个阶层，即全体中华民族的精神状态、价值信仰，反映当前我国社会建设所体现出来的欣欣向荣的思想文化。中国特色社会主义文化，就存在于中国人实现中华民族伟大复兴中国梦的征程中，就存在于每一个人为实现梦想的努力和奋斗中，只要人人都相信自身的实践努力，在各自的工作岗位上辛苦付出，那么汇聚起来，就会缔造伟大而崇高的中国特色社会主义文化，所以，中国特色社会主义文化，具有最深厚的历史根基，同时焕发着新时代的勃勃生机。

3. 马克思主义的科学社会主义理论对中国特色社会主义文化的指导

马克思主义理论由三部分组成：马克思主义政治经济学、马克思主义哲学、科学社会主义。马克思主义政治经济学为科学社会主义提供论据，因为只有在经济学中，在决定人类社会存在和发展的经济领域中，才能够得到最坚实、最令人认可和相信的论据。马克思主义哲学为科学社会主义提供了方法论，马克思主义哲学既唯物又辩证的思维方法，有效支撑了科学社会主义主题、观点的论证和说明。所以，在整个马克思主义理论体系中，科学社会主义是核心，是主题，是整个马克思主义理论追求和奋斗的目标。

马克思主义的科学社会主义理论最为重要的是指出了建构社会主义的一般原则和主要内容，这对我们理解社会主义的本质、特征、内涵提供了梗概和要点，同时也是我们把握中国特色社会主义文化建设原则和规范的重要支撑。

马克思主义的科学社会主义理论认为，社会主义社会要在生产资料公有制的基础上组织生产，以满足全体社会成员的需要为生产的根本目的。这样的生产就会避免资本主义纯粹是为了资本家一己之私利的生产，就会框定整个社会生产的大众性、人民性，是真正为了广大人民群众根本利益和主要需求的生产。在社会生产上采取生产资料的公有制，保证了我国社会建设和发展的社会主义属性，这是保证社会主义制度不变质的根本基础，同时，这也是中国特色社会主义文化建设和发展的根本基础。

马克思主义的科学社会主义理论主张社会主义社会对社会生产要采取有计划的指导和调节，是在国家宏观调控下发挥市场在资源配置上的基础性作用。就是说，社会主义社会的生产，不是完全市场化，任由价值规律自发起作用，而是要有总体上的规划和宏观的指导，这样可以保证社会主义社会的生产，始终朝着正确的方向发展。同时，马克思主义的科学社会主义理论强调要实行按劳分配，要发挥每一个人劳动的积极性，在具体的劳动的基础上，创造自己的人生价值和幸福。这些都为中国特色社会主义文化的建设奠定了坚实的制度基础。

马克思主义的科学社会主义理论还主张经济社会的发展与自然相适应，要利用自然，努力实现人与自然的和谐共生。马克思主义的科学社会主义理论还认为共产党天然是无产阶级的领导者，社会主义事业必须始终坚持共产党的领导，这些观点都为中国所采纳，并且加以发展创新。

马克思主义的科学社会主义理论的奋斗目标，就是要大力解放和发展生产力，逐步消灭剥削和消除两极分化，实现共同富裕和社会的全面进步，并最终向共产主义社会过渡。这集中地体现出了社会主义社会的本质、根本任务和未来发展的价值取向，也是社会主义不同于资本主义的鲜明特征。也就是说，社会主义的建设和发展，首先来说一定是要创造大量的物质财富，建构社会主义建设和发展的物质基础。同时，社会主义的建设和发展，又是以实现共同富裕为目标，要对剥削和两极分化进行限制和消除，最终的指向是实现共产主义。所以，科学社会主义的这一指向，为社会主义的前进和发展指明了方向。

上述科学社会主义的一般原则和主要内容，与中国特色社会主义文化建设是有着非常紧密的关联的。发展中国特色社会主义文化，不能背离科学社会主义的基本原则，不但不能背离，而且要坚决地予以贯彻和落实。所以，马克思主义的科学社会主义理论，是中国特色社会主义文化建设的十分重要的指导思想，规范和框定了中国特色社会主义文化建设和发展的前进方向。

我们要用马克思主义的科学社会主义思想指引中国特色社会主义文化建设的发展方向。一是中国特色社会主义文化建设，要体现资本主义向社会主义转变的历史趋势，要站在历史和时代的最前沿，反映人类社会发展的必然性。二是中国特色社会主义文化建设具有鲜明的无产阶级的阶级性，是代表无产阶级和广大人民群众根本利益的，这一点与具有资本主义属性和特征的资本主义文化有着鲜明的区别。三是中国特色社会主义文化要体现马克思主义的指导、中国共产党的领导，这些是保证中国特色社会主义文化性质和特征的关键要点，是中国特色社会主义文化建设的思想和领导保障。任何脱离马克思主义的指导、放弃中国共产党的领导的行为，最终都会导致文化建设的背离和失败。四是中国特色社会主义文化在建设规划中，还要着重体现科学社会主义原则中的人与自然相和谐的思想，要特别凸显生态文明建设。五是中国特色社会主义文化要体现社会主义的经济制度、分配制度，要体现社会主义的本质、特征，特别是在发展方向上要始终朝向共产主义社会。

总之，中国特色社会主义文化建设，要遵循科学社会主义的基本原则，体现科学社会主义的根本实质，坚定科学社会主义的价值取向。马克思主义的科学社会主义理论，是具体指导中国特色社会主义文化建设的重要原则和规范指向。

（二）马克思主义中国化的理论成果

俄国十月革命将马克思主义传入中国后，毛泽东等一批中国共产党早期领导人将马克思主义与中国实际情况相结合，最终形成了具有中国特色的马克思主义理论，即马克思主义中国化的理论成果。马克思主义中国化的系列理论成果对中国特色社会主义文化的发展同样起着重要的指导作用。中国特色社会主义文化，就是马克思主义在传入中国的过程中，在不断与中国社会实际相结合的过程中，所形成的一个十分重要的建设成果。没有马克思主义中国化的进程，也就没有中国特色社会主义文化的形成、发展和繁荣。中国特色社会主义文化本身就是马克思主义中国化的一个重要表现。

马克思主义中国化有两大理论成果：第一个是毛泽东思想，第二个是中国特色社会主义理论体系。毛泽东思想作为马克思主义中国化的第一个理论成果，在新民主主义革命以及由新民主主义向社会主义过渡的过程中，开创了中国特色社会主义文化，形成了中国特色社会主义文化的基本

体系，奠定了中国特色社会主义文化的重要历史基础。之后，历经邓小平
理论、"三个代表"重要思想、科学发展观、习近平新时代中国特色社会
主义思想，在不同历史阶段所形成的马克思主义中国化理论成果共同构成
了中国特色社会主义理论体系，不断建构和丰富着中国特色社会主义文化
的内涵。可以肯定，中国特色社会主义理论体系是中国特色社会主义文化
建设的十分重要的思想引领，对于中国特色社会主义文化在不同历史阶段
所面临的主要问题，所应采取的主要对策，以及发展的实质、形式等，都
具有十分重要的指导意义。在我国改革开放40年的征程上，在中国特色社
会主义理论体系的指引下，目前，中国特色社会主义文化日益成形，具有
广泛而深刻的影响，成为反映当代中国社会广大民众精神面貌的一道亮丽
的风景线。中国广大人民群众在中国共产党的领导下，创造和丰富了中国
特色社会主义文化，反过来，中国特色社会主义文化也成为中国广大人民
群众十分重要的精神食粮。

1. 马克思主义中国化的开端意味着中国特色社会主义文化的初始
建构

在鸦片战争之后，中国社会由传统的封建社会进入到半殖民地半封
建社会，中国社会的性质、主要矛盾，以及由此带来的革命的主要任务、
对象，都发生了重大的变化。可以说，政治任务占据了主导，中国社会的
独立、民族的解放成为中国近代社会的主题。鸦片战争虽然给中国带来了
巨大灾难，但也打破了清政府闭关锁国的状态，使西方的先进思想开始传
入中国。中国传统文化与西方思想文化之间碰撞、对抗，同时也交流和融
合。一些开眼看世界的有识之士，更愿意对来自于西方的思想文化，进行
吸收和借鉴，或者说加以改造和利用。他们积极地探索各种救国之路，事
实证明：中国传统的思想文化，在与当时世界近代潮流比较的过程中，确

实显示出其不足和劣根性。但是西方资本主义文化也没能拯救中国，虽然其确实有先进性、优长性，但却非常不适合中国的国情，不能在中国的近代社会转变进程中生根发芽，实质是不能解决中国近代社会的主要矛盾，特别是不能指导中国近代社会的独立和中华民族的解放。直到马克思主义传入中国，中国才看到了希望。在马克思主义作为根本指导思想的前提下，中国特色社会主义文化也随之建立和发展。虽然刚开始的时候，中国特色社会主义文化这一概念还不够清晰，称谓也不是"中国特色社会主义文化"，但正是有了中国共产党，有了马克思主义的传入，文化的问题日益凸显和重要，这为中国特色社会主义文化的创立奠定了历史的前提和基础。

马克思主义在中国共产党第一代领导人的运用过程中，在破解中国近代社会主要问题的过程中，即马克思主义中国化的开启过程中，本身就孕育了中国特色社会主义文化。毛泽东当时所称的"共产主义的文化"，很明显，是属于中国特色社会主义文化大范畴之内的。中国特色社会主义文化在诞生之初，就具有崭新的面貌，起到了巨大的社会历史作用，成为指引中国社会前进和发展的重要的思想精神资源。

2. 马克思主义中国化的历程意味着中国特色社会主义文化形成和发展的过程

马克思主义中国化的历程，主要是毛泽东思想、邓小平理论、"三个代表"重要思想、科学发展观，以及马克思主义中国化的最新成果即习近平新时代中国特色社会主义思想形成发展的过程。中国特色社会主义文化产生发展的过程，也是伴随着马克思主义不断中国化的过程而逐步发展起来的。

毛泽东思想作为马克思主义中国化的第一个理论成果，最为根本的是解决了中国社会的独立和解放的问题，在面临着内忧外患的中国近现代社会，毛泽东思想成功地指导了中国革命取得了伟大的成功，缔造了新中国。而随之开创的社会主义文化，也主要是为了当时的社会主义建设而展开的，一切的一切，都是要唤起广大民众的建设热情，提升认识，使广大民众在思想文化上与中国共产党的奋斗目标相一致，进而共同完成国家富强和人民富裕这一历史任务。所以，新中国成立后第一代中国共产党人建设的文化，前期主要是新民主主义文化，后期主要是社会主义文化，它们都是中国特色社会主义文化的积淀。

邓小平理论是继毛泽东思想之后，在和平与发展成为时代主题的背景下形成的，它着重回答的是什么是社会主义、怎样建设社会主义的这一根本问题，追问的是社会主义的本质到底是什么，我们到底应该如何建设和发展社会主义。所以，这一时期的中国特色社会主义文化建设，主要是围绕社会主义的本质、功能、定位、指向而展开的，实质是要抓紧中国社会建设和发展这一主题内容的。邓小平理论开启了中国对内改革、对外开放的时代潮流，建构了社会主义市场经济体制，实现了中国社会由计划经济体制向市场经济体制的转变。而在这一转变过程中，无论是经济体制，还是政治体制、社会体制、文化体制，都发生了巨大的变革。这也就决定了这一时期中国特色社会主义文化建设的根本特征，这一时期是凸显改革开放、凸显如何建设和发展社会主义事业的关键历史时期，也是全国人民思想大解放、建设社会主义的关键历史时期。

"三个代表"重要思想，着重解决的是建设什么样的党、怎样建设党的问题，强调中国共产党要始终代表中国社会先进生产力的发展要求，代表中国先进文化的前进方向，代表中国最广大人民的根本利益，这是中国共产党的立党之本、执政之基、力量之源。这一时期的中国特色社会主文化，主要围绕党的建设主题，着重增强党自身的执政能力和执政效果。江泽民在十五大报告中首次正式提出中国特色社会主义文化这一概念，并作了全面而深刻的阐述。

科学发展观，着重回答的是如何以人为本、如何全面协调可持续发展的问题。在经历改革开放、着重发展市场经济、大力引进外资的过程中，我国社会发展面临着诸多问题。围绕着中国社会的科学发展，这一时期的中国特色社会主义文化建设也主要是围绕中国社会如何又好又快地发展这一主题开展的，凸显了以人为本的精神，以期找到全面协调可持续发展的路径。

习近平新时代中国特色社会主义思想，是马克思主义中国化的最新成果。十八大以来，围绕新时代中国特色社会主义各方面的重大问题，习近平总书记提出了一系列的对策和方案，其中在文化建设方面，鲜明地提出了中国特色社会主义文化自信的观点，将文化自信与中国特色社会主义道路自信、理论自信、制度自信，并称为"四个自信"，而且强调"文化自信，是更基础、更广泛、更深厚的自信，是更基本、更深沉、更持久的力量"[1]。这为新时代中国特色社会主义文化建设指出了更为鲜明的主题。可以看出，习近平总书记对中国特色社会主义文化建设的重要论述，已经成为我们当前建设中国特色社会主义文化的重要指针。

3. 马克思主义中国化各阶段的理论成果标志着中国特色社会主义文化的与时俱进

马克思主义中国化各个阶段的理论成果深刻体现了中国特色社会主义文化随着马克思主义中国化进程的加深、前进，同时，不断有新的内容、

---

[1]中共中央宣传部编《习近平新时代中国特色社会主义思想三十讲》，学习出版社，2018，第194页。

新的形式，进而产生出新的成果。马克思主义中国化的各个理论成果，不仅意味着马克思主义理论是与时俱进、不断前进和发展的，是随着时代的进步而进步的，而且意味着我们已经围绕着马克思主义中国化在各个阶段的理论形成了不同理论成果。中国特色社会主义文化也在不断地丰富着自己的内涵，也在不断地向前进步和发展。

　　这里内在的逻辑有两个方面：一是马克思主义中国化在我国社会发展各个阶段上的理论成果，本身是对我国社会发展各个阶段主要问题的破解，这种破解本身，其实就是一种文化，就是中国特色社会主义文化的重要体现。二是马克思主义中国化的理论成果，以及所支撑和推动的中国特色社会主义文化的建设和发展，历史事实证明是正确的，是有着旺盛的生命力和远大发展前途的。在改革开放的40年的建设和发展中，中国特色社会主义文化，在以马克思主义中国化的各阶段的理论成果为指导思想的前提下日益壮大和发展，成为整个人类思想文化体系中独树一帜、欣欣向荣的一种文化。

四、中国特色社会主义文化建设的基本原则

　　随着我国经济已发展成为世界第二大经济体，文化也必须有相应的发展，建设中国特色社会主义文化就是提高和加强我国文化软实力的重大举措。那么，中国特色社会主义文化建设过程中需要遵循哪些基本原则呢？

（一）坚持中国共产党的领导

　　始终坚持中国共产党的领导是中国特色社会主义文化建设的首要的

基本原则。党的领导是确保中国特色社会主义文化建设取得成效的根本。任何的思想文化建设，都需要一个领导核心在组织架构、根本内容、主要指向，以及对所面对的主要问题的分析、总结上提出有针对性的对策，这一切都需要有一个坚强而有力的领导核心。如果没有一个坚强有力的领导核心，思想文化建设就会混乱，就会出现纷争，进而带来广大人民群众思想的不统一，直至出现整个社会多元思潮泛滥、社会局势不稳定等诸多问题。

中国共产党是中国特色社会主义事业的坚强的领导核心，是最高的政治领导力量，各个领域、各个方面都必须自觉地坚持中国共产党的领导。习近平总书记曾十分深刻地强调，东西南北中，党政军民学，党是领导一切的。中国共产党的领导是中国特色社会主义最本质的特征。中国共产党的领导地位是历史和人民的选择，是由中国共产党的性质和宗旨决定的。中国共产党是中国工人阶级的先锋队，同时又是中国人民和中华民族的先锋队，中国共产党是中国特色社会主义事业的坚强领导核心。这就决定了在中国特色社会主义文化建设过程中，中国共产党也是其领导核心。

习近平总书记针对新闻舆论领域的建设提出："党的新闻舆论工作是党的一项重要工作，是治国理政、定国安邦的大事，要适应国内外形势发展，从党的工作全局出发把握定位，坚持党的领导，坚持正确政治方向，坚持以人民为中心的工作导向，尊重新闻传播规律，创新方法手段，切实提高党的新闻舆论传播力、引导力、影响力、公信力。"[1]党的领导是中国特色社会主义文化建设的主心骨，决定着中国特色社会主义文化的根本属性、实质内容、发展方向，从整体上、根本上保证了中国特色社会主义

---

[1]习近平：《习近平谈治国理政》（第二卷），外文出版社，2017，第331页。

文化建设的方向。

（二）确保国家意识形态安全

中国特色社会主义文化作为一种现代文化，它既是以中华民族的认知和气派对当今中国和世界实际的反映，同时又肩负着引领中国和世界发展重任的这样一种性质的文化。文化对国家的发展起着重要作用。建设中国特色社会主义文化的一个十分重要的原则，就是要坚持有中国特色社会主义的意识形态，确保国家意识形态安全。

中国特色社会主义文化建设，蕴含着中国特色社会主义的意识形态，体现着马克思主义理论的指导地位，维护着中国共产党的执政地位，反映着中国广大人民群众切实的精神文化需求。意识形态决定文化建设前进的方向和发展的道路，对一个政党、一个国家、一个民族的生存发展至关重要。习近平指出："能否做好意识形态工作，事关党的前途命运，事关国家长治久安，事关民族凝聚力和向心力。"[①]由此可见，意识形态具有非常重要的作用。因此，中国特色社会主义文化建设必须要坚持中国特色社会主义的意识形态的基本原则，进而确保国家整体的意识形态安全。

（三）以满足人民精神生活需求为出发点和落脚点

进入中国特色社会主义新时代，我国社会的主要矛盾已经发生了变化，人民对于精神生活质量的需求也越来越高。建设中国特色社会主义文化应坚持以满足人民精神生活需求为出发点和落脚点的原则。何为文化，即文而化之。文化，由人类创造，同时为人类服务。它体现着人们对美好

[①]中共中央宣传部编《习近平新时代中国特色社会主义思想三十讲》，学习出版社，2018，第213页。

生活的追求，体现着人们对各种事物的深刻认识。因此，中国特色社会主义文化建设，更加应该以人为本，深耕人的内在的思想精神世界，不断提升人们的精神生活，以满足广大人民群众的精神生活需求。

毛泽东曾指出："我们的文化是人民的文化，文化工作者必须有为人民服务的高度热忱，必须联系群众，而不要脱离群众。"①邓小平指出："我们要继续坚持毛泽东同志提出的文艺为最广大的人民群众、首先为工农兵服务的方向，坚持百花齐放、推陈出新、洋为中用、古为今用的方针，在艺术创作上提倡不同形式和风格的自由发展，在艺术理论上提倡不同观点和学派的自由讨论。"②江泽民指出："必须以科学的理论武装人，以正确的舆论引导人，以高尚的精神塑造人，以优秀的作品鼓舞人，不断培养和造就一代又一代有理想、有道德、有文化、有纪律的社会主义新人。"③胡锦涛指出："要坚持发展面向现代化、面向世界、面向未来的，民族的科学的大众的社会主义文化，推动社会主义先进文化更加深入人心，推动社会主义精神文明和物质文明全面发展，不断开创全民族文化创造活力持续迸发、社会文化生活更加丰富多彩、人民基本文化权益得到更好保障、人民思想道德素质和科学文化素质全面提高的新局面，建设中华民族共有精神家园。"④

习近平总书记从新时代社会主义文艺建设的角度，进一步提出社会主义文艺要"坚持以人民为中心的创作导向"，指出："人民既是历史的创造者、也是历史的见证者，既是历史的'剧中人'、也是历史的'剧作

① 《毛泽东选集》（第三卷），人民出版社，1991，第1012页。
② 《邓小平文选》（第二卷），人民出版社，1994，第210页。
③ 江泽民：《论党的建设》，中央文献出版社，2001，第125页。
④ 胡锦涛：《在庆祝中国共产党成立90周年大会上的讲话》，人民出版社，2011，第23—24页。

者'。文艺要反映好人民心声，就要坚持为人民服务、为社会主义服务这个根本方向。这是党对文艺战线提出的一项基本要求，也是决定我国文艺事业前途命运的关键。只有牢固树立马克思主义文艺观，真正做到了以人民为中心，文艺才能发挥最大正能量。以人民为中心，就是要把满足人民精神文化需求作为文艺和文艺工作者的出发点和落脚点，把人民作为文艺表现的主体，把人民作为文艺审美的鉴赏家和评判者，把为人民服务作为文艺工作者的天职。"①

由此可见，坚持以满足广大人民群众精神生活需求为出发点和落脚点这一原则是中国特色社会主义文化建设最深厚、最根本、最持久的动力之源。

五、中国特色社会主义文化建设的探索历程

中国特色社会主义文化建设是建设中国特色社会主义的一个非常重要的方面，社会主义现代化不仅要有繁荣的经济，而且要有繁荣的文化。新中国成立以来，几代中央领导集体一直为中国特色社会主义文化建设不断探索、不断奋斗。

（一）初步探索

新中国成立后，毛泽东非常重视文化事业的发展，他坚持以马克思主义为指导，明确了新中国文化建设的指导思想和基本特征，并总结文化发展的经验教训，提出了繁荣发展社会主义文化的"双百"方针，确定了文

①习近平：《习近平谈治国理政》（第二卷），外文出版社，2017，第314—315页。

化为人民服务的发展目标，坚持了文化发展的正确方向，对新中国文化事业尤其是先进文化建设中的带有方向性、根本性、战略性的重大问题进行了积极的探索，深刻地影响了中国新文化建设的实践，成为中国特色社会主义文化发展道路探索的历史起点。

1. 明确了新中国文化建设的指导思想

苏联是世界上第一个社会主义国家，是马克思主义由科学变为现实的最佳证明，然而马克思主义在苏联的指导地位并不稳固，其动摇是从赫鲁晓夫开始的，从赫鲁晓夫全盘否定斯大林的这一迹象中，毛泽东已敏锐地感觉到苏联新领导人对待自己的党的历史态度将会发生变化。在中央八届二中全会上，毛泽东提出了中国绝不能丢"两把刀子"的论断，他说："我看有两把'刀子'：一把是列宁，一把是斯大林。现在，斯大林这把刀子，俄国人丢了。""列宁这把刀子现在是不是也被苏联一些领导人丢掉一些呢？我看也丢掉相当多了。十月革命还灵不灵？还可不可以作为各国的模范？苏共二十次代表大会赫鲁晓夫的报告说，可以经过议会道路去取得政权，这就是说，各国可以不学十月革命了。这个门一开，列宁主义就基本上丢掉了。"①丢掉了这两把刀子，就成了修正主义。经过中苏十年论战，毛泽东对苏联的修正主义认识更清楚了，因此，毛泽东强调"中国绝不能丢掉这两把刀子"，中国社会主义的发展与繁荣及其思想文化建设，都必须以马克思主义作为党和国家建设的指导思想。要真正做到这一点，必须正确对待马克思主义，既要批判教条主义，又要批判修正主义，并用发展的眼光对待马克思主义。

---

① 中央文献研究室编《毛泽东传》（第四册），中央文献出版社，2011，第1570页。

2. 明确了新中国社会主义文化的基本特征

毛泽东曾说："中华民族不但以刻苦耐劳著称于世，同时又是酷爱自由、富于革命传统的民族。"①从古至今，无数的中华儿女为了自由和真理勇敢反抗，英勇抗争。中华民族是一个有着光荣的革命传统和优秀的历史遗产的民族。毛泽东重视文化的民族特征，肯定民族文化、文化民族性，提倡文化的民族形式，并在《新民主主义论》一文中对新文化的特征作了明确的界定。他运用马克思主义原理，总结中国共产党文化建设的实践经验，批判地吸收国内文化思想界不同流派有价值的思想养料，第一次系统地、全面地回答了"五四"以来涉及中国文化现代化发展的一系列根本问题，提出了新中国社会主义文化建设的纲领，即"民族的、科学的、大众的文化"②。文化的民族性，即尊重文化的继承性规律，以坚持和弘扬民族文化的优秀传统为主体，同时吸收外来有益文化，以我为主，为我所用。文化的科学性，即"是反对一切封建思想和迷信思想，主张实事求是，主张客观真理，主张理论与实践一致的"。科学的文化，是以科学的世界观方法论为指导，以合理先进的价值体系为主要内容，以科学的精神和态度对待一切事物的思想文化。文化的大众化，"即是民主的。它应为全民族中百分之九十以上的工农劳苦民众服务，并逐渐成为他们的文化"③。

3. 提出了新中国社会主义文化的发展方针

根据当时的国情，毛泽东提出了"双百"方针。"百花齐放、百家争鸣"是繁荣社会主义文化事业的基本方针。"双百"方针吸取了我国历史上学术、

①《毛泽东选集》（第二卷），人民出版社，1991，第623页。
②宋春华：《抗战时期国共两党民族主义思想研究》，人民出版社，2017，第125页。
③《毛泽东选集》（第二卷），人民出版社，1991，第708页。

文化发展的经验，总结了党领导科学文化工作的经验和教训，也借鉴了外国党领导科学文化工作的经验和教训，是一个符合社会主义科学文化发展客观规律的方针。它的主旨和精神实质是要把文化界的一切积极因素都调动起来，创造丰富的文化产品，为人民服务，为社会主义建设服务。

"双百"方针的提出，顺应了繁荣文化艺术、发展科学技术的时代要求，反映了当时我国政治稳定、经济发展、人民团结、社会进步的国家形象，反映了党中央和毛泽东的一种信心。它一经提出，立即在知识界引起强烈反响，使学术文化事业出现了生气勃勃的发展景象。

综上，毛泽东作为党的第一代中央领导集体的核心，坚持以马克思主义为指导，坚持文化发展的正确方向，对中国文化事业尤其是先进文化建设中的带有方向性、根本性、战略性的重大问题进行了积极的探索，为中国特色社会主义文化道路探索出一个正确的出发点。

（二）稳步构建

改革开放后，邓小平提出物质文明和精神文明"两手抓"的方针，并重申"为人民服务、为社会主义服务"的方向，努力探索中国特色社会主义文化发展新道路，为中国特色社会主义建设提供了精神动力。

1. 建立精神和物质共同发展的文化模式

十年"文化大革命"导致国内经济发展水平急剧下降、科学文化教育事业无法正常开展，整个国家都处在动荡不安的状态之中。邓小平认真总结了经验教训，并领导了拨乱反正。

经济基础决定着上层建筑，文化作为上层建筑的一种表现，其发展受经济建设的深刻影响。经济方面建设好了能促进文化事业的发展，不断上升的文化消费需求也能够拉动经济的增长。因此，精神文明建设与经济建设应相辅相成。邓小平于1979年10月明确指出："我们的国家已经进入社会主义现代化建设的新时期。我们要在大幅度提高社会生产力的同时，改革和完善社会主义的经济制度和政治制度，发展高度的社会主义民主和完备的社会主义法制。我们要在建设高度物质文明的同时，提高全民族的科学文化水平，发展高尚的丰富多彩的文化生活，建设高度的社会主义精神文明。"①"不加强精神文明的建设，物质文明的建设也要受破坏，走弯路。光靠物质条件，我们的革命和建设都不可能胜利。"②从物质和精神之间、政治和文化之间等多种角度出发，邓小平提出了"两手抓"的思想，为我国的文化建设事业提供了动力。

2. 明确文化发展的"三个面向"根本目标

1983年9月，邓小平曾为北京景山学校题词，提出针对教育发展、同时也是针对文化建设而言的"三个面向"，体现了对中国文化建设发展的指导作用和深远影响。

"面向现代化"体现了精神文明建设本身所具有的目的性，"面向世界"所展现出来的则是一种视域范围上的广度和宽度，"面向未来"则是采取发展变化的观点去处理问题。明确文化发展的根本目标，才能使文化更快速有效地发展，并发挥其最大的作用。

3. 恢复文化的"双百"发展方针

邓小平对新中国成立初期毛泽东提出的"双百"方针是非常支持和赞成的。改革开放后，邓小平重新恢复了"双百"方针，指出："思想理论问题的研究和讨论，一定要坚决执行百花齐放，百家争鸣的方针，一定要坚决执行不抓辫子、不戴帽子、不打棍子的'三不主义'的方针，一定要

---

① 《邓小平文选》（第二卷），人民出版社，1994，第208页。
② 《邓小平文选》（第三卷），人民出版社，1993，第144页。

坚决执行解放思想、破除迷信、一切从实际出发的方针。"①

4. 重申文化的"二为"发展方向

《在中国文学艺术工作者第四次代表大会上的祝词》中，邓小平重新恢复了艺术实践必须"为人民服务，为社会主义服务"的原则。为人民服务，是指为包括工人、农民、士兵、知识分子、干部和一切拥护社会主义、热爱祖国的人民群众服务；为社会主义服务，就是为社会主义的政治、经济、文化、军事等各项事业的根本需要服务，为建设有中国特色社会主义事业服务。这个原则既规定了文化建设的社会主义性质，也指出文化建设的根本方向和价值取向。

邓小平是中国改革开放的总设计师，他总结我国改革开放以来文化建设的实践经验，立足现实、放眼世界，最终形成了中国特色的文化建设思想。

（三）逐步巩固

江泽民对中国特色社会主义文化建设的探索，是在继承马列主义文化思想、毛泽东文化思想、邓小平有中国特色社会主义的文化思想基础上，是在总结我国文化建设正反两方面经验和改革开放以来文化建设新鲜经验的基础上形成和发展起来的。

1. 提出了建设中国特色社会主义文化的基本思想

1991年7月，在纪念建党70周年大会上，江泽民提出"社会主义不仅要实现经济繁荣，而且要实现社会全面进步"，并且初步阐述了具有中国特色的、符合我国基本国情的社会主义文化建设理论。江泽民不仅提出了"中国特色社会主义文化"这一概念，还对如何建设中国特色社会主义文

---

① 《邓小平文选》（第二卷），人民出版社，1994，第183页。

化、建设怎样的中国特色社会主义文化，以及在建设过程中应当坚持什么样的基本思想原则等进行了初步概括，中国特色社会主义文化建设理论的基本轮廓就此形成。

2. 形成建设中国特色社会主义文化的基本纲领

江泽民指出，建设有中国特色社会主义文化，就是以马克思主义为指导，以培养有理想、有道德、有文化、有纪律的公民为目标，发展面向现代化、面向世界、面向未来的，民族的科学的大众的文化。培育"四有"新人是我国社会主义文化建设面临的长期而艰巨的任务，也是社会主义文化建设的根本目标。为达到这一目标，就要坚持社会主义文化建设的"三个面向"，体现社会主义文化建设的民族性、科学性和大众性的基本属性。在党的十五大报告中，江泽民科学地揭示了中国特色社会主义文化的基本内涵，即建设"面向现代化、面向世界、面向未来的，民族的科学的大众的文化"，从而阐释了当代中国社会主义文化是一种兼具时代性、民族性、科学性的，具有广泛群众基础的社会主义文化形式。

3. 阐发了党要始终代表中国先进文化前进方向的重大意义

2000年，江泽民在广东视察工作期间，首次提出了"三个代表"重要思想。这一重要思想之中的关于"党要代表中国先进文化的前进方向"的重要论断，是对党的建设的根本要求，同时这也是对中国特色社会主义文化建设的根本要求。先进文化推动着社会的发展，是社会发展的灵魂。江泽民指出，只有建设有中国特色的社会主义文化，才是当代中国的先进文化。这一先进文化是以马克思列宁主义、毛泽东思想、邓小平理论为指导地位的继承和发扬中华民族优秀传统的文化，是面向社会主义现代化、面向世界、面向未来的文化，因而它具有鲜明的时代性、浓郁的民族性、广泛的群众性、高度的民主性和面向世界的开放性、包容性与创新性，是以开放的文化态度、博采古今中外之长、结合民族特点进行创新的成果。

以江泽民为核心的第三代中央领导集体高度重视社会主义文化建设和创新，江泽民文化思想体系的形成，充分体现了这一代中央领导集体高瞻远瞩、能够站在民族振兴的历史高度继往开来地进行社会主义文化建设和创新的战略眼光。

（四）深化拓展

党的十六大以来，党中央放眼中国特色社会主义事业全局的发展，将文化建设提升到了一个十分重要的位置，在文化建设上坚持理论创新和实践创新，并对此作出了一系列新的重大理论论述以及相关的决策部署，对中国特色社会主义文化建设理论作了进一步丰富和发展，深刻揭示和回答了当代中国文化建设所面临的一系列重大问题。中国特色社会主义文化发展道路前途一片光明。

1. 确立了中国特色社会主义文化发展的新内容

胡锦涛在2003年的十六届三中全会中首次提出了"以人为本"的思想，要求我们树立坚持以人为本的科学发展观。在文化建设的发展领域中，我们要坚持以人为本的理念，满足人民群众日益增长的精神文明需求，争取创作出符合人民大众实际生活水平的优秀作品。深化文化体制改革的创新，推进社会主义核心价值体系的建设，全面促进中国特色社会主义文化的发展。

2. 提出了新世纪新阶段我国文化发展的总任务和总目标

党的十七大在继承我党关于新时期中国特色社会主义文化已有的战略目标的基础上，明确了新世纪新阶段我国社会主义文化建设的总任务和总目标。2011年10月，党的十七届六中全会从中国特色社会主义文化的目标任务、重大方针、战略举措等方面对现阶段我国文化改革和发展作出了明确而具体的部署。第一次明确提出建设社会主义文化强国的奋斗目标，为新世纪新阶段我国社会主义先进文化建设指明了正确的方向。2012年11月召开的党的十八大，又就如何扎实推进社会主义文化强国建设作出了新的战略部署，并号召全党"要坚持社会主义先进文化前进方向，树立高度的文化自觉和文化自信，向着建设社会主义文化强国宏伟目标阔步前进"[1]，为新世纪的中国社会主义文化建设提供了科学的理论指南。

3. 提出了我国文化发展的一系列新思想和新论断

随着世界经济的飞速发展，党的十六大以来，党中央结合我国实际情况，提出了关于新世纪我国文化发展的一系列新思想、新论断。

2002年党的十六大提出要坚持先进的文化发展方向，发展中国特色社会主义文化，使人们的精神世界和精神生活不断丰富，人们的精神力量得以增强；以爱国主义为核心的民族精神得到弘扬，并将民族精神贯穿到整个国民教育和精神文明建设的实践中；切实加强思想道德建设，重视以德治国与依法治国相结合，树立正确的世界观、人生观和价值观。

2007年党的十七大明确提出了推动社会主义文化大发展大繁荣，提高国家文化软实力的文化建设奋斗目标，并从构建社会主义核心价值体系、建设和谐文化、弘扬中华文化、推进文化创新等方面作出了明确阐述和部署。

2012年党的十八大提出了关于文化建设的新思想和新举措，对中国特色社会主义文化建设规律有了更深入的认识和思考，体现了我们党具有的高度文化自觉。

这些新理论、新论点，反映了我们党在新的历史条件下对文化建设的

---

① 《十八大报告辅导读本》，人民出版社，2012，第34页。

认识更加深刻，对文化发展趋势的预见更加准确，对文化建设任务和目标的设定更加科学，对文化发展方针和政策的制定更加符合当代中国的具体实际。正是在这样的背景下，中国特色社会主义文化发展道路才得以形成和确立。

（五）全面推进

党的十八大以来，以习近平为核心的党中央致力于推进中国特色社会主义文化建设，对建设文化强国、提高国际话语权、增强国家文化软实力等战略思想进行了新的阐释和发展，形成了独具特色的文化建设思想。

1. 坚定中国特色社会主义文化自信

在庆祝中国共产党成立95周年大会的讲话中，习近平总书记明确提出："中国共产党人坚持不忘初心、继续前进，就要坚持'四个自信'，即中国特色社会主义道路自信、理论自信、制度自信、文化自信。"这一论述深刻揭示了中国特色社会主义的魂脉根基与价值追求，深化了对文化作用及其发展规律的认识，为繁荣发展文化事业，指明了前行道路，提供了根本遵循。

我们要坚定优秀传统文化的文化自信，坚定革命文化的文化自信，坚定社会主义先进文化的文化自信。在文化建设过程中，我们必须要始终坚持用马克思主义思想作为指导，要高举自己的文化旗帜，不断弘扬社会主义核心价值观，宣传能够反映并且适应社会生产力发展要求的先进文化，能够维护人民群众利益的文化，不断激发人民的爱国主义情怀和民族情怀，使文化自信拥有更加坚实的主心骨和更为正确的方向。

2. 继承发扬中国优秀传统文化

自党的十八大以来，习近平在多次讲话中论述了中华优秀传统文化的重要性，强调它是有利于我们文化发展以及社会发展的重要软实力。他强调：“优秀传统文化是一个国家、一个民族传承和发展的根本，如果丢掉了，就割断了精神命脉。”①文化是一个民族、一个国家的灵魂。我们应不断汲取传统文化中的养分，传承和发扬开拓进取的民族精神，深入挖掘传统文化中的宝贵资源，增强文化自信，共同实现中华民族伟大复兴中国梦。

3. 构建社会主义核心价值观

党的十八大报告中明确提出：“倡导富强、民主、文明、和谐，倡导自由、平等、公正、法治，倡导爱国、敬业、诚信、友善，积极培育和践行社会主义核心价值观。”②社会主义核心价值观展现了一个社会的文化方向和整体氛围，为全社会人民提供了价值导向，巩固了全党全国各族人民团结奋斗的共同思想基础，凝聚了社会共识。短短24个字，简要精辟地概括了社会主义核心价值体系的关键特征和基本性质，是社会主义核心价值体系的有效提炼与升华，是中华民族复兴道路上对全体社会成员提出的基本要求。

4. 夯实国家文化软实力

党的十七大报告中首次出现了增强国家文化软实力的内容。党的十八大以来，习近平十分重视文化软实力建设，他在多次会议中着重强调要重视文化软实力建设。文化软实力是国家软实力的核心内容。新形势下，文化软实力逐步成为民族凝聚力和创新能力的重要来源，也与硬实力并驾齐驱，在综合国力竞争中发挥着不可替代且越来越重要的作用。

在国际形势日新月异的今天，我们必须脚踏实地、扎扎实实地推进中

---

①习近平：《习近平谈治国理政》（第二卷），外文出版社，2017，第313页。
②胡锦涛：《坚定不移沿着中国特色社会主义道路前进　为全面建成小康社会而奋斗——在中国共产党第十八次全国代表大会上的报告》，人民出版社，2012，第31—32页。

国特色社会主义文化建设工作。在对习近平文化建设思想形成的时代背景全面分析的基础上，进一步深入挖掘习近平文化建设思想，积极探索文化建设思想的实现路径，做强文化软实力，助推经济硬实力，从而丰富人们的精神文化生活，为实现中华民族伟大复兴中国梦提供强大支撑。

六、中国特色社会主义文化的时代价值

文化是一个国家、一个民族的灵魂，任何一个时代都需要文化的指引和滋养。中国特色社会主义文化作为一种先进的文化，具有重要的时代价值。

（一）有利于增强党的执政能力

中国特色社会主义文化在中国共产党的领导下，坚决贯彻党的路线、方针和政策，体现马克思主义政党的意识形态，大力发展中国特色社会主义文化有利于增强党的执政能力。

马克思恩格斯指出："统治阶级的思想在每一时代都是占统治地位的思想。这就是说，一个阶级是社会上占统治地位的物质力量，同时也是社会上占统治地位的精神力量。支配着物质生产资料的阶级，同时也支配着精神生产资料，因此，那些没有精神生产资料的人的思想，一般地是隶属于这个阶级的。"[1]每一种文化都是具有阶级性的，没有超越阶级性的纯粹的文化。

中国特色社会主义文化具有鲜明的无产阶级属性和特征，归根到底，

---

[1]《马克思恩格斯选集》（第一卷），人民出版社，1995，第98页。

是为了维护广大人民群众的根本利益的。中国共产党是中国广大人民群众的领导者，中国共产党所领导的中国特色社会主义文化建设要维护中国共产党的执政地位和支撑中国共产党的执政能力。中国共产党所建构的中国特色社会主义文化，是崭新的无产阶级属性的思想文化，是人民的、科学的、大众的思想文化。因为中国共产党的执政地位和广大人民群众的根本利益，以及与无产阶级的根本使命，是高度切合、密切联系、水乳交融的血肉关系，在根本指向上是一致的。所以，中国特色社会主义文化建设，维护了中国共产党的执政地位，增强了中国共产党的执政能力，目的是维护广大人民群众的根本利益、根本诉求，同时体现的是鲜明的无产阶级属性和内涵。

当然，中国特色社会主义文化建设也存在着一些问题。习近平总书记指出："现在，国内国外、网上网下都有一些言论，贬低中华文化，否定中华民族的历史贡献，否定近代以来中国人民的奋斗史，歪曲中国共产党的历史、中华人民共和国的历史，歪曲改革开放的历史。这些就是负能量，增加正能量就要敢于和负能量正面交锋。对中国人民和中华民族的优秀文化和光荣历史，要加大正面宣传力度，而且要经常讲、反复讲。要通过学校教育、理论研究、历史研究、影视作品、文学作品等多种形式，加强爱国主义、集体主义、社会主义教育。比如，像戚继光抗倭、冯子材抗法、鸦片战争、甲午海战、抗日战争、抗美援朝战争这些历史，都要深入挖掘其中的爱国主义精神，创作更好更多的精品力作，以长中国人志气，引导我国人民树立和坚持正确的历史观、民族观、国家观、文化观，增强做中国人的骨气和底气。"①这意味着中国特色社会主义文化建设，一定

———————

① 《习近平关于社会主义文化建设论述摘编》，中央文献出版社，2017，第34—35页。

要拿出积极的、主流的、进步的文化精神和文化作品来，这样才能够抵御和战胜来自各方面思想文化的诋毁和挑战。

文化建设过程中必须始终保持警惕、自觉，因为文化建设始终面临着各种敌对势力，也存在着来自各个方面的误解、误读，特别是存在于人们精神心理方面的文化，其变动性、直接性、易受影响性，都是非常强烈的。这就需要主流思想文化时时刻刻地要清醒和清晰地认识到来自各个方面的挑战，对所出现的各种问题要予以及时的解答和回应，这样才能始终保持主流思想文化的主导地位。主流思想文化不断创新发展，不能因循守旧，唯此才能应对来自各方的问题和挑战。

强化中国特色社会主义文化建设，稳固主流意识形态，有利于巩固党的执政地位和执政能力，关系到我国社会政治的稳定，对中国特色社会主义事业建设具有重要的影响。

（二）有利于发挥中国社会主义制度的优越性

中国特色社会主义文化建设，需要一整套制度体系架构的支撑。制度可以在规范的意义上确认、保障党的执政地位，有利于支撑党对各项事务的全面领导。所以，中国特色社会主义文化建设，有利于彰显和发挥中国特色社会主义各项制度的优越性。

制度是由人来制定的，而且制度是相对稳定的，它会在一个相当长的历史时期内，规定、规范、制约着国家各个方面的建设。虽然制度本身更强调客观性，但其中仍然具有较为强烈的主观性。客观性是指对我国社会各方面实际情况的一种正确的、客观的反映，是要符合我国社会建设的客观规律和根本的发展趋势的。任何一个国家、社会，都是需要建构一定的制度的，制度本身体现了国家的性质、特征和基本面貌。也正是在该制度的基础上，才会生成适应这个制度的文化，而适应这个制度的文化，才会极大地促进这个制度的稳固和发展。因此，中国特色社会主义文化，一定是为了适应中国特色社会主义制度而产生、形成和建构的。这就决定了中国特色社会主义文化建设，一定是要反映中国特色社会主义的各项制度的，并且，中国特色社会主义文化建设的推进和深化，更是要体现中国特色社会主义制度的优越性的。

中国特色社会主义制度是一个丰富的体系，包括政治制度、经济制度、文化制度、法律制度、生态文明建设制度，等等。但从文化建设的角度来看，中国特色社会主义文化直接受制于中国特色社会主义的文化制度，要体现文化建设这一领域的规范、要求和主旨。中国特色社会主义文化制度是中国特色社会主义文化建设的保障，中国特色社会主义文化建设，会有助于中国特色社会主义文化制度发挥其优越性。习近平总书记指出："在一个国家的各种制度中，政治制度处于关键环节。所以，坚定中国特色社会主义制度自信，首先要坚定对中国特色社会主义政治制度的自信，增强走中国特色社会主义政治发展道路的信心和决心。"[1]这意味着中国特色社会主义文化建设，不仅要整体反映中国特色社会主义的制度体系，而且要更集中地反映中国特色社会主义的政治制度。中国特色社会主义政治制度处于"关键环节"，对其他各项制度都具有制约作用，可谓"牵一发而动全身"。所以，中国特色社会主义文化建设，有利于发挥中国特色社会主义政治制度的优越性。

---

[1] 习近平：《习近平谈治国理政》（第二卷），外文出版社，2017，第288页。

（三）有利于创造和谐稳定的国际环境

中国特色社会主义文化的时代价值不局限于国内，它对整个国际社会和谐稳定的发展也具有一定的促进作用。通过中国特色社会主义文化建设的对外宣传和影响，创造良好的外部环境，增强其他国家对我国中国特色社会主义发展道路、中国特色社会主义制度、中国特色社会主义理论体系等方面的认识，加强其他国家对我国发展的认可和支持，消除诸多疑义、误解，知晓我国的对外方针和政策，进而会更加促进我国的顺利建设和有效发展。

当今世界，任何一个国家的建设和发展都离不开其他国家的建设和发展，经济全球化已经成为整个人类社会发展的一个必然趋势，任何一个国家、社会和民族都不能违背这一世界性的潮流，都必然要加入全球化的浪潮和趋势之中。这也就意味着中国特色社会主义事业的建设和发展，一方面要坚持走出去，加入到全球化的市场体系之中，但是另一方面，也要正确处理好与其他国家的各种矛盾、分歧和误解，需要大量的协商、谈判、沟通和交流。无疑，在这个过程中，中国特色社会主义文化扮演着十分重要的角色，发挥着十分重大的作用，可以起到润滑、交流和有效沟通的作用。

随着我国对外开放的进一步加强，随着我国综合国力上升到世界第二大经济体的位置，中国社会的发展日益受到国际社会的广泛关注。事实上，中国的发展得益于经济全球化，是积极加入到经济全球化、融入世界发展大势的结果。同时，众多国家也从中国的发展中获益，一些国家的建设和发展也日益离不开中国这个大市场。但是，也正因为如此，中国的发展，也给许多国家带来了所谓的"冲击"，许多国家对中国发展的认识走入了不同方面的误区，产生了不同程度的误解，甚至有些国家宣扬"中国威胁论"，这给我国发展以及我国与其他国家的友好往来，带来了一定的负面的影响。这就决定了我们不仅需要从经济、制度、法律等实体层面和规则的层面协商和解决，更需要从中国特色社会主义文化建设的角度，进行思想文化方面的相互沟通、相互认识、相互理解，实质上是做到彼此的信任。对此，习近平总书记指出："要精心做好对外宣传工作。随着我国经济社会发展和国际地位提高，国际社会对中国发展道路和发展模式的理性认识逐步加深，同时对我们的误解也还不少，'中国威胁论'、'中国崩溃论'等论调不绝于耳。同欧美一些国家受困于金融危机、债务危机相比，同一些发展中国家陷入发展陷阱相比，同西亚北非一些国家政治动荡、社会混乱相比，我国发展可以说是'风景这边独好'。但是，西方仍然在'唱衰'中国。国际舆论格局是西强我弱，西方主要媒体左右着世界舆论，我们往往有理说不出，或者说了传不开。这个问题要下大力气加以解决。"①从习近平总书记的这段论述中，我们可以看出许多国家，特别是西方发达国家，不愿意看到中国的快速崛起，不愿意看到中华民族的伟大复兴。其实，这一点从鸦片战争以来西方国家对我国采取的敌视和遏制对策就可以看出，这种政策一直没有改变。关于这一点，我们要有足够的清醒认识，西方国家总是会千方百计地采取各种手段遏制中国社会的前进和发展，总是要对中国社会的建设和发展进行抹黑。针对这种情况，我们就需要摆事实、说道理，要向全世界阐释和说明中国社会发展的内在实质、根本趋势、方向目标，澄清中国社会的发展不是对其他国家的威胁，不是对世界的殖民和侵略，而是共同发展，共同前进，互惠互利，合作共

---

① 《习近平关于社会主义文化建设论述摘编》，中央文献出版社，2017，第197页。

赢。这就需要发挥中国特色社会主义文化的对外宣传和对外阐释的功能，需要用文化的力量去感染、去影响他们，需要去塑造我国在国际社会中良好的和负责任的形象。

习近平总书记提出"人类命运共同体"的理念，建构属于世界上各个国家的"人类命运共同体"，表达了许多国家、社会和民族的共同心声，得到了国际社会的广泛认可。这是中国特色社会主义文化建设对外宣传和影响的重要体现。习近平总书记指出："我们呼吁，各国人民同心协力，构建人类命运共同体，建设持久和平、普遍安全、共同繁荣、开放包容、清洁美丽的世界。要相互尊重、平等协商，坚决摒弃冷战思维和强权政治，走对话而不对抗、结伴而不结盟的国与国交往新路。要坚持以对话解决争端、以协商化解分歧，统筹应对传统和非传统安全威胁，反对一切形式的恐怖主义。要同舟共济，促进贸易和投资自由化便利化，推动经济全球化朝着更加开放、包容、普惠、平衡、共赢的方向发展。要尊重世界文明多样性，以文明交流超越文明隔阂、文明互鉴超越文明冲突、文明共存超越文明优越。要坚持环境友好，合作应对气候变化，保护好人类赖以生存的地球家园。"[1]通过"人类命运共同体"的宣传和阐释，向整个国际社会传递中国声音、中国方案，表达中国对整个人类社会建设的愿景。事实证明，它为彰显我国在整个国际社会舞台中的重要地位发挥了巨大的作用，为增强我国在整个国际社会的影响力起到了不可估量的重大作用。

中国特色社会主义文化建设，通过对外宣传、阐释和说明，为我国社会发展营造了良好的国际环境，创造了稳定的发展条件。

---

[1]习近平：《决胜全面建成小康社会 夺取新时代中国特色社会主义伟大胜利——在中国共产党第十九次全国代表大会上的报告》，人民出版社，2017，第58—59页。

（四）有利于为国际共产主义运动提供有效支撑

从历史的时代变迁的角度来看，中国特色社会主义文化建设对于世界社会主义运动，具有十分重要的支撑作用。中国特色社会主义文化建设，是隶属于整个世界的社会主义运动体系之中的，是世界社会主义运动中的一个重要组成部分。中国特色社会主义文化建设，肯定具有中国特色，是体现中国社会实际状况、反映中国现实国情的文化建设。但是，中国特色社会主义文化是属于社会主义性质的文化，是要体现社会主义运动的基本原则，反映整体的社会主义运动的价值取向，体现世界社会主义发展趋势的。可以肯定的是，社会主义是中国特色社会主义文化的内核，是标识中国特色社会主义文化的重要标志。这也就意味着，中国特色社会主义文化建设的时代价值，一方面要体现中国特色社会主义事业的发展状况，但另一方面，也要体现整个世界社会主义运动发展的状况和根本趋势。

世界的社会主义运动，从产生到发展再到高潮后又经历低谷，走过了一段艰难曲折的路程。但是，世界社会主义运动没有消失，也没有真正退出历史舞台，而是正在经历着各种新变化。中国特色社会主义的建设和发展，伴随着世界社会主义运动的艰难曲折，经历了许多挫折，也走过许多弯路。然而，经历了改革开放四十年的努力，中国社会主义事业的建设和发展取得了举世瞩目的成就。在整个世界范围内，中国是发展得最好的社会主义国家，在整个世界范围内带来了巨大的影响。这也为世界社会主义运动提供了有力支撑。

世界社会主义运动，在整个世界资本主义体系中撕开了一个裂口，遭到了资本主义国家的围追堵截，在历经500余年发展的艰难曲折中，虽然处于低潮，虽然面临种种困难，但始终没有间断，始终向前发展。这意味着科学社会主义是有着强大的生命力和远大的发展前途的，其所预言的人类社会从资本主义向社会主义的转变，最终向共产主义转变的历史大趋势，是没有被改变的。世界社会主义运动，根本上代表了广大人民群众的根本利益，反映了人类社会整体的、根本的、长远的发展趋向。但人类社会的发展，绝不是简单、直线、单向的向前进步和发展的，总是存在着曲折、痛苦、剥削、压迫，这似乎成为人类社会历史发展绕不开的一个必然逻辑。人类社会的每一次进步，都伴随着社会的阵痛，但是，人类社会终究还是要向前进步和发展的，终究还是要树立公平和正义的，否则，人类社会就会趋于灭亡。这也就意味着世界社会主义运动，虽然遭到了严重的挫折，虽然步履维艰，但其代表人类社会发展根本趋势的方向没有改变，正义终将会取得最终的胜利。

中国特色社会主义事业也是在艰难曲折中建设和发展的，无论是在哪个时段，总是面对着诸多问题、诸多挑战。但是，在中国共产党强有力的指导下，中国特色社会主义事业在改革开放四十年的发展历程中，取得了举世瞩目的成就。这就证明社会主义有着内在的强大的生命力，中国特色社会主义已经在世界范围内产生了广泛的影响。如今，中国进入到了新时代的中国特色社会主义的阶段，产生了习近平新时代中国特色社会主义思想。"习近平新时代中国特色社会主义思想，对回答'世界怎么了，世界向何处去'的世界之问给出了中国智慧、中国方案，构建人类命运共同体的战略赢得了世界人民的心。"①这意味中国特色社会主义事业的建设和发展，为整个世界社会主义运动的发展，提供了中国样板，贡献了中国智慧。

---

①中共中央宣传部编《习近平新时代中国特色社会主义思想三十讲》，学习出版社，2018，第345—346页。

中国特色社会主义文化建设在展现中国特色社会主义事业的伟大成就的同时，也体现和带动了整个世界社会主义运动的前进和发展。在经济全球化的今天，各国沟通交流日益频繁，中国特色社会主义文化取得的巨大成就也得到了世界人民的认可。中国特色社会主义文化建设，为国际共产主义运动注入了新鲜活力。

第六章
中国特色社会主义的逻辑结构

中国特色社会主义建设是一项长期而宏大的工程，中国特色社会主义的发展具有严密而深刻的内在逻辑。自从邓小平提出中国特色社会主义的概念之后，历代党的领导集体，均坚定不移地坚持和发展了中国特色社会主义，目标指向十分明确。坚持和发展中国特色社会主义意义重大，只有坚持和发展中国特色社会主义，而且是从内涵、历程、理论、实践、旗帜、目标、布局、保障、范畴、主体等多个重大方面的内在逻辑上真正坚持和发展中国特色社会主义，并将多重维度的中国特色社会主义发展逻辑作为一个系统工程精准把握，才能不断推进中国特色社会主义，从而早日实现社会主义现代化和中华民族伟大复兴中国梦。

一、逻辑与发展逻辑

"逻辑"一词具有发展规律、内在联系、理论体系等相关含义，这方面的研究也多半是从发展历程和追根溯源的角度展开的，即从理论和实践两大方面探究其内涵形成发展的所谓逻辑性。发展逻辑，是指与中国特色社会主义发展相关的一系列重大问题各自的内在形成发展脉络与结构关系，以及它们之间的内在关联。中国特色社会主义的内在逻辑，除了其自身内涵之外，具体所涉及的问题主要包括历程、理论、实践、目标、布局、保障、主体等。

二、中国特色社会主义的相关逻辑

（一）历程逻辑

中国特色社会主义是历史和人民的必然选择，是实现国强民富、民族复兴、人民幸福的必由之路。一代又一代的中国共产党人为中国特色社会主义事业前赴后继，形成了永不间断的接力探索。

1. 中国特色社会主义的阶段划分

完整意义上的中国特色社会主义发展历程，到目前为止，可以划分为五个阶段。一是初步探索阶段，以毛泽东为核心的党的第一代中央领导集体为中国特色社会主义提供了宝贵经验、理论准备、物质基础。二是成功开创阶段，以邓小平为核心的党的第二代中央领导集体实现了党和国家工作重心转移，开启了改革开放的闸门，成功开创了中国特色社会主义。三是成功跨世纪阶段，以江泽民为核心的党的第三代中央领导集体创立了"三个代表"重要思想，开创了改革发展稳定的新局面，成功把中国特色社会主义推向 21 世纪。四是成功坚持和发展阶段，新世纪新阶段，以胡锦涛为总书记的党中央创立了科学发展观，成功地在新的历史起点上坚持和发展了中国特色社会主义。五是进入新时代崭新发展阶段，十八大以来，以习近平为核心的党中央以实现中华民族伟大复兴中国梦为引领，以"四个全面"战略布局统领改革建设发展全局，开拓了中国特色社会主义更为广阔的发展前景，标志着中国特色社会主义进入了新时代。

2. 中国特色社会主义新时代

十八大以来，我国综合国力进入了世界前列，国际地位实现了前所未有的提升，各方面的面貌发生了前所未有的变化，中华民族正以崭新姿态屹立于世界东方。事实表明，"经过长期努力，中国特色社会主义进入了新时代，这是我国发展新的历史方位"[①]。它意味着中华民族迎来了伟大复兴的光明前景，意味着科学社会主义在世界上高高举起了中国特色社会主义伟大旗帜，意味着中国为解决人类问题贡献了中国方案。它是继续夺取中国特色社会主义伟大胜利的时代，是决胜全面建成小康社会进而全面建设社会主义现代化强国的时代，是逐步实现全体人民共同富裕的时代，是奋力实现中华民族伟大复兴中国梦的时代，是不断为人类作出更大贡献的时代。进入新时代，"我国社会主要矛盾已经转化为人民日益增长的美好生活需要和不平衡不充分的发展之间的矛盾"[②]。这一变化对党和国家工作提出了许多新要求，但中国的基本国情和国际地位没有变。中国特色社会主义进入新时代，在中华人民共和国、中华民族、世界社会主义和人类社会发展史上都具有十分重大的多重意义。

（二）理论逻辑

我们党对待马克思主义是忠诚的，坚信马克思主义，坚持马克思主

---

① 习近平：《决胜全面建成小康社会　夺取新时代中国特色社会主义伟大胜利——在中国共产党第十九次全国代表大会上的报告》，人民出版社，2017，第10页。
② 习近平：《决胜全面建成小康社会　夺取新时代中国特色社会主义伟大胜利——在中国共产党第十九次全国代表大会上的报告》，人民出版社，2017，第11页。

义的指导地位。同时，中国共产党对待马克思主义又是科学的，坚信而不迷信，坚持而又发展。这种科学态度，具体表现为坚持马克思主义基本原理及其立场、观点、方法，坚持理论联系实际，致力于马克思主义理论创新，不断推进马克思主义中国化，形成中国化的马克思主义，特别是宏大开放式中国特色社会主义理论体系。

1. 四代（届）中央领导集体与马克思主义中国化理论创新

党的第一代中央领导集体实现了马克思主义中国化的第一次历史性飞跃，创立了毛泽东思想，标志着党走向成熟，在其指引下我们取得了新民主主义革命和社会主义革命的胜利，创建了新中国，确立了社会主义制度；党的第二代中央领导集体实现了马克思主义中国化的第二次历史性飞跃，创立了邓小平理论，这是当代中国的马克思主义，它使得中国走上了改革开放和现代化建设的正轨，开创了中国特色社会主义道路；党的第三代中央领导集体继续推进马克思主义中国化理论创新，于新世纪初创立了"三个代表"重要思想，实现了中国特色社会主义的跨世纪发展；以胡锦涛为总书记的党中央深刻把握社会主义初级阶段基本国情和新世纪新阶段新特征，深入总结新中国成立以来特别是改革开放三十多年来的发展实践以及十年执政期间所取得的新鲜经验，积极借鉴国外发展经验，继承和发展党的三代中央领导集体关于发展的重要思想，并在适应新的发展要求的基础上提出了科学发展观。

2. 马克思主义中国化理论创新的最新成果

习近平新时代中国特色社会主义思想，是以习近平为核心的党中央在十八大以来，根据国内外形势变化和我国各项事业发展所提出的重大时代课题，从理论和实践结合上系统回答了新时代坚持和发展什么样的中国特色社会主义、怎样坚持和发展中国特色社会主义等基本问题，坚持解放思想、实事求是、与时俱进、求真务实，紧密结合新的时代条件和实践要求，进行艰辛理论探索所取得的重大理论创新成果。它"是对马克思列宁主义、毛泽东思想、邓小平理论、'三个代表'重要思想、科学发展观的继承和发展，是马克思主义中国化最新成果，是党和人民实践经验和集体智慧的结晶，是中国特色社会主义理论体系的重要组成部分，是全党全国人民为实现中华民族伟大复兴而奋斗的行动指南"①。

（三）实践逻辑

中国共产党作为马克思主义政党，不仅坚持马列主义指导地位和马克思主义中国化，而且在致力于马克思主义理论创新的同时更加注重实践创造，探索适合中国国情的独具特色的中国道路，以巨大的理论勇气和政治勇气开辟并不断拓展中国特色社会主义道路。

1. 中国特色社会主义道路的艰辛开拓

党不仅在理论上坚持马克思主义中国化理论创新，而且始终坚持以中国化的马克思主义指导实践，在中国革命和建设进程中坚定不移地探索适合中国国情的独具中国特点的发展道路，开辟出两条中国特色道路。其中，党的第一代中央领导集体成功开辟了中国特色革命道路，之后又探索了社会主义建设道路，这都为中国特色社会主义道路的开辟奠定了基础；十一届三中全会后党的第二代中央领导集体立足于已有探索，特别是结合改革开放的崭新实践，成功开辟了中国特色社会主义道路。此后，党的第三代中央领导集体继续坚持走中国特色社会主义道路，并在面向新世纪的执政实践中奋力开拓，拓展了中国特色社会主义道路。以胡锦涛为总书记的党

①习近平：《决胜全面建成小康社会　夺取新时代中国特色社会主义伟大胜利——在中国共产党第十九次全国代表大会上的报告》，人民出版社，2017，第20页。

中央，在新世纪初继续坚持并拓宽了中国特色社会主义道路。以习近平为核心的新一届中央领导集体在十八大执政以来更是坚定不移地坚持并全力拓展中国特色社会主义道路，以其正确性使之成为一条具有一定普世价值的中国道路，在全球范围内形成一种独具特色的中国模式。

2. 中国特色社会主义制度框架体系形成

制度层面是中国特色社会主义的核心内涵之一，中国共产党历来重视制度建设。党的第一代中央领导集体确立了社会主义基本制度，为中国特色社会主义制度的确立奠定了前提基础。党的第二代中央领导集体使中国特色社会主义制度的主体框架基本形成，主要进行了党和国家领导制度的改革，恢复和发展了社会主义政治制度，逐步确立了社会主义市场经济体制。党的第三代中央领导集体使中国特色社会主义制度体系开始形成，主要体现为社会主义基本制度逐步完善，各项民主政治制度进一步发展和完善，中国特色社会主义法律体系框架基本形成。以胡锦涛为总书记的党中央不断推进中国特色社会主义制度建设，主要成果是中国特色社会主义基本经济制度进一步完善，中国特色社会主义民主政治制度进一步发展，中国特色社会主义法律体系基本形成。以习近平为核心的新一届中央领导集体大力加强社会主义民主政治建设，坚持走中国特色社会主义政治发展道路，发展适合中国国情的社会主义政治制度，保证人民当家作主，巩固和发展最广泛的爱国统一战线，在行政体制改革上迈出了新步伐，丰富了"一国两制"实践。尤其是召开十八届四中全会专题研讨依法治国问题，并作出我党历史上第一个关于加强法治建设的专门决定，开启了中国法治新时代。

3. 中国特色社会主义文化繁荣兴盛

新中国的成立开辟了中国文化发展的新纪元，20世纪60年代初期党的第一代中央领导集体大力调整文化政策，文化事业出现了前所未有的繁荣局面。进入改革开放新时期，党的第二代中央领导集体重建教育科技文化发展的正常秩序，通过开展社会主义精神文明建设，有力地促进了文化建设的繁荣发展。党的第三代中央领导集体继续领导文化教育创新发展，文教体制改革深入推进，文化事业与文化产业这"两业"均蓬勃发展，国家文化软实力显著增强。以胡锦涛为总书记的党中央把文化摆在更加突出位置，推动中国特色社会主义文化大发展大繁荣，文化体制改革迈出坚实步伐。以习近平为核心的新一届中央领导集体大力加强中国特色社会主义文化建设，推动两个文明协调发展，培育和践行社会主义核心价值观，牢牢把握意识形态工作领导权和话语权，坚持以人民为中心的创作导向，传承和弘扬中华优秀传统文化，采取得力措施治理网络，提高国家文化软实力，通过讲好中国故事让中华文化走向世界。

4. 中国历史性变革接连发生

党的第一代中央领导集体实现了以新中国成立和社会主义制度确立为标志的20世纪第二次历史性巨变。党的第二代中央领导集体实现了以改革开放和现代化建设取得辉煌成就为标志的20世纪第三次历史性巨变，改革开放全面深化，国民经济持续快速健康发展，民主法制和精神文明建设取得丰硕成果是其内容表征。党的第三代中央领导集体积极推进第三次历史巨变，成功地实现了中国跨世纪发展。在此基础上，以胡锦涛为总书记的党中央开拓进取，继续有力地推进这一巨变，通过创立科学发展观和拓展中国特色社会主义道路取得辉煌业绩，使中国特色社会主义在新世纪初实现了新的历史性变革。十八大以来中国取得了全方位开创性的辉煌成就，带来了深层次根本性的巨大变革。以习近平为核心的新一届中央领导集体"以巨大的政治勇气和强烈的责任担当，提出一系列新理念新思想新战略，出台一系列重大方针政策，推出一系列重大举措，推进一系列重大工作，解决了许多长期想解决而没有解决的难题，办成了许多过去想办而没有办成的大事，推动党和国家事业发生历史性变革"[1]。

（四）目标逻辑

中国特色社会主义的目标，包括具象的社会主义现代化的宏伟目标及其战略步骤、中国特色社会主义本真视域的本质性目标、社会主义文明意义上的高远目标，以及终极意义上的民族复兴中国梦目标等，而且它们之间也存在着一定的逻辑关系。

1. 社会主义现代化的目标提出与步骤设计

在第三届全国人大上，周恩来代表中央提出"四化"宏伟目标，主要任务就是要在不太长的历史时期内，把我国建成社会主义现代化强国，赶超世界先进水平。十二大提出党在新的历史时期的总任务，是实现"四化"，建成高度文明高度民主的社会主义国家，奋斗目标是国内工农业生产总值在20世纪末翻两番。十三大根据邓小平对经济发展的战略思考，正式制定了社会主义现代化建设"三步走"的战略部署。十五大针对"三步走"战略中的第三步，将21世纪上半叶的发展目标进一步细化，正式制定了社会主义现代化建设"新三步走"的发展战略。十九大指出，从现在起，我们进入了全面建成小康社会的决胜期，并开启了全面建设社会主义现代化国家的新征程。从2020年到21世纪中叶可分为两个阶段："第一个阶段，从二〇二〇年到二〇三五年，在全面建成小康社会的基础上，再

---

[1]习近平：《决胜全面建成小康社会　夺取新时代中国特色社会主义伟大胜利——在中国共产党第十九次全国代表大会上的报告》，人民出版社，2017，第8页。

奋斗十五年，基本实现社会主义现代化。"① "从二〇三五年到本世纪中叶，在基本实现现代化的基础上，再奋斗十五年，把我国建成富强民主文明和谐美丽的社会主义现代化强国。"②

2. 富强、民主、文明、和谐、美丽——社会主义目标式本质的新内涵

邓小平对社会主义本质作出了经典表述，但主要强调的是物质层面、经济方面、生产力角度，兼及精神文化层面，即富强文明。江泽民在坚持十三大基本路线的基础上格外强调政治民主和政治文明，将中国特色社会主义的目标定位为富强民主文明，使社会主义的本质内涵得以拓展。十六大提出了"社会更加和谐"的奋斗目标，十六届六中全会明确提出"社会和谐是中国特色社会主义的本质属性"。十七大报告重申和谐本质观，这个重大判断深化了对社会主义本质的认识。十八大提出"生态文明建设"的布局和任务，但没有明确其目标定位。十九大则首次正式明确提出，生态文明建设的本质目标就是"美丽"。从"三位一体"到"四位一体"再到"五位一体"的总体布局，其实就是要大力建设社会主义和谐社会和社会主义生态文明，其本质是和谐美丽，这就进一步拓展了社会主义本质的核心内涵，并实现了富强民主文明同和谐美丽目标追求的一体化。

3. "五大文明"的正式提出

改革开放以后，我们党最早提出了"两手抓"，即物质文明和精神文明"两个文明"的概念，十六大将民主政治从思想文化建设之中正式独立出来，明确提出了政治建设的目标即政治文明的概念，并把"三个文明"

①习近平：《决胜全面建成小康社会　夺取新时代中国特色社会主义伟大胜利——在中国共产党第十九次全国代表大会上的报告》，人民出版社，2017，第28页。
②习近平：《决胜全面建成小康社会　夺取新时代中国特色社会主义伟大胜利——在中国共产党第十九次全国代表大会上的报告》，人民出版社，2017，第29页。

建设的思想写入了党章。十七大明确提出"建设生态文明"的奋斗目标，十八大正式提出"大力推进生态文明建设"，努力建设美丽中国。十九大继续强调"四大文明"，并进一步指出社会建设所追求的就是社会文明，从而正式提出了"五大文明"的科学概念。

4. 民族复兴的终极目标

1840年鸦片战争后中国开始沉沦，一代代国人为振兴中华前赴后继不懈奋斗，1921年中国共产党成立使中国真正踏上民族复兴的伟大征程。"我们党团结带领人民找到了一条以农村包围城市、武装夺取政权的正确革命道路，进行了二十八年浴血奋战，完成了新民主主义革命，一九四九年建立了中华人民共和国，实现了中国从几千年封建专制政治向人民民主的伟大飞跃"，"我们党团结带领人民完成社会主义革命，确立社会主义基本制度，推进社会主义建设，完成了中华民族有史以来最为广泛而深刻的社会变革，为当代中国一切发展进步奠定了根本政治前提和制度基础，实现了中华民族由近代不断衰落到根本扭转命运、持续走向繁荣富强的伟大飞跃"，"我们党团结带领人民进行改革开放新的伟大革命，破除阻碍国家和民族发展的一切思想和体制障碍，开辟了中国特色社会主义道路，使中国大踏步赶上时代"。①十九大上习近平明确指出："不忘初心，方得始终。中国共产党人的初心和使命，就是为中国人民谋幸福，为中华民族谋复兴。"②实现中华民族伟大复兴是近代以来中华民族最伟大的梦想，中国共产党成立伊始，就"义无反顾肩负起实现中华民族伟大复兴的历史使命，团结带领人民进行了艰苦卓绝的斗争，谱写了气吞山河的壮丽

---

①习近平：《决胜全面建成小康社会　夺取新时代中国特色社会主义伟大胜利——在中国共产党第十九次全国代表大会上的报告》，人民出版社，2017，第14页。

②习近平：《决胜全面建成小康社会　夺取新时代中国特色社会主义伟大胜利——在中国共产党第十九次全国代表大会上的报告》，人民出版社，2017，第1页。

史诗"①。"今天，我们比历史上任何时期都更接近、更有信心和能力实现中华民族伟大复兴的目标。"②

（五）布局逻辑

中国特色社会主义的布局包括宏大的中国特色社会主义总体布局、具象的中国特色社会主义战略布局、最微观具体的中国特色社会主义发展战略等，而且它们之间更是明显地存在着内在逻辑关系。

1. 中国特色社会主义总体布局

伴随着改革开放的日益推进，党对中国特色社会主义事业总体布局的认识也在不断深化。十六大第一次明确地把"社会更加和谐"作为全面建设小康社会的奋斗目标之一，这为"四位一体"总体布局的提出作了理论准备。十六届四中全会明确提出"社会建设"的重要概念，这表明党对"社会建设"在总体布局中的位置有了新思考。2005年2月胡锦涛在省部级主要领导干部专题研讨班上提出了"四位一体"总体布局的完整概念，十六届六中全会明确了构建社会主义和谐社会在总体布局中的重要地位，十七大正式提出了"四位一体"的总体布局。十七大还首次将建设生态文明确立为党的一项重大战略任务，并把它作为全面建设小康社会奋斗目标的一项新要求。为适应国际国内形势的新变化，党中央反复强调要全面推进五大建设，不断深化对生态文明建设的认识，不断丰富总体布局。2008年9月，胡锦涛在科学发展观活动动员大会上指出，我们必须走文明发展道路，全面推进五大建设。2009年9月，胡锦涛在联大发言时指出，中国

①习近平：《决胜全面建成小康社会　夺取新时代中国特色社会主义伟大胜利——在中国共产党第十九次全国代表大会上的报告》，人民出版社，2017，第13页。

②习近平：《决胜全面建成小康社会　夺取新时代中国特色社会主义伟大胜利——在中国共产党第十九次全国代表大会上的报告》，人民出版社，2017，第15页。

将全面推进包括生态文明在内的五大建设。生态文明建设在十八大报告中正式纳入中国特色社会主义总体布局之中，使"四位一体"发展到"五位一体"。十九大继续重申了"五位一体"总体布局。新的总布局的形成，标志着中国特色社会主义进入一个崭新发展阶段。

2. 中国特色社会主义战略布局

在总体布局之下增设战略布局，这是十八大之前的党的历代中央领导集体所没有做过的。十八大以来，以习近平为核心的党中央立足中国实际，坚持问题导向，逐步形成并积极推进全面建成小康社会、全面深化改革、全面依法治国、全面从严治党的战略布局。"四个全面"战略布局确立了新的历史条件下党和国家各项工作的战略目标和战略举措，是治国理政和事关党和国家长远发展的总方略。它是时代和实践发展对党和国家工作的新要求，适应我国发展的现实需要，顺应人民群众的愿望期盼，体现了强烈的问题意识。它是具有内在逻辑的有机统一体，第一项是重大战略目标，后三项是提供重要保障的重大战略举措。它蕴含着科学统筹的思想方法，体现了全面联系的观点、两点论与重点论的统一和统筹兼顾的要求。

3. 中国特色社会主义发展战略布局

要建设中国特色社会主义，必须制定实施若干重大的国家发展战略。在党的第二代中央领导集体高度重视科技教育的基础上，在经济社会发展出现诸多问题的形势下，党的第三代中央领导集体制定实施了科教兴国战略、西部大开发战略、可持续发展战略。以胡锦涛为总书记的党中央又先后制定实施了社会主义新农村建设发展战略、区域协调发展战略（内含东部地区率先发展和西部大开发战略，东北振兴和中部崛起新战略）、人才强国战略和建设创新型国家战略。党的十八大制定了创新驱动战略，十九大上党中央根据中国特色社会主义进入新时代的新形势，又正式制定了乡村驱动战略、军民融合发展战略、健康中国战略等。

（六）保障逻辑

中国特色社会主义的保障要素较多，主要包括本真意义上的"六个基本"、使命意义上的"四个伟大"、内涵意义上的"四种自信"、宽泛意义上的"党和国家的生命线"等，而且它们之间也存在着某种逻辑关系。

1. "六个基本"保障要素的高度概括

改革开放以来，历代党中央领导集体都非常重视中国特色社会主义的经验总结。党的第三代中央领导集体将邓小平建设有中国特色社会主义理论视作党的基本理论，将社会主义初级阶段基本路线视作党的基本路线，并提出了建设中国特色社会主义基本纲领和基本经验。十八大提出了以"八个必须"为主要内容的"基本要求"，即"第五个基本"，是立足于"四个基本"之上而作出的最本质的规律性总结。十九大指出：坚持党对一切工作的领导，坚持以人民为中心，坚持全面深化改革，坚持新发展理念，坚持人民当家作主，坚持全面依法治国，坚持社会主义核心价值体系，坚持在发展中保障和改善民生，坚持人与自然和谐共生，坚持总体国家安全观，坚持党对人民军队的绝对领导，坚持一国两制和推进祖国统一，坚持推动构建人类命运共同体，坚持全面从严治党。这十四条构成了新时代坚持和发展中国特色社会主义的基本方略，并明确要求"全党同志必须全面贯彻党的基本理论、基本路线、基本方略，更好引领党和人民事业发展"[1]。

---

① 习近平：《决胜全面建成小康社会　夺取新时代中国特色社会主义伟大胜利——在中国共产党第十九次全国代表大会上的报告》，人民出版社，2017，第26页。

2. "四个伟大"

通过建设中国特色社会主义，由实现社会主义现代化而实现民族复兴，全党必须准备付出更艰苦艰巨的努力。要推进伟大事业，必须进行伟大斗争，必须建设伟大工程，必须追逐伟大梦想。所谓伟大事业特指建设和发展中国特色社会主义，伟大斗争特指我们为推进伟大事业而必须进行的党内外、国内外各种风险挑战的有效应对，伟大工程特指党正在深入推进的"党的建设新的伟大工程"，伟大梦想特指实现中华民族伟大复兴的中国梦。十九大指出，要实现伟大梦想，必须进行伟大斗争，建设伟大工程，推进伟大事业。其中，伟大斗争是手段，伟大工程是关键，伟大事业是核心，伟大梦想是引领。

3. "四个自信"

十八大之前，历代党的领导集体都没有明确提出"自信"问题，尽管毛泽东、邓小平等党中央领导始终强调中国人民要有志气、中华民族不可侮、老祖宗不能丢，这其中已经蕴含着对我们的民族精神和民族文化的充分自信。十八大正式提出了道路、理论、制度"三个自信"。十八大之后，以习近平为核心的党中央及时地提出了"文化自信"问题。习近平总书记在2016年"七一"讲话中，再次提到"文化自信"。他认为，中国的自信，本质上是文化自信。文化自信，是继道路自信、理论自信、制度自信之后的第四个自信。在习近平看来，文化自信是更基础、更广泛、更深厚的自信。这三个"更"，凸显了"文化自信"在"四个自信"中的地位。他进而指出，让中国人"自信"的"文化"，至少包括三个层面：中华优秀传统文化、革命文化、社会主义先进文化。它们积淀着中华民族最深层的精神追求，代表着中华民族独特的精神标识。十九大报告指出，文化是一个国家和民族的灵魂，"没有高度的文化自信，没有文化的繁荣兴盛，就没有中华民族伟大复兴"①。"全党要更加自觉地增强道路自信、理论自信、制度自信、文化自信"，"保持政治定力，坚持实干兴邦"。②

4. 党的思想路线及社会主义初级阶段基本路线

在中共七大上，以毛泽东为核心的党的第一代中央领导集体正式确立了实事求是思想路线，后被错误地抛弃了。十一届三中全会形成党的第二代中央领导集体，同时党的思想路线也得以重新恢复并进一步发展为"解放思想，实事求是"。世纪之交国内外形势的新变化对党的思想路线提出了新要求，十六大将与时俱进与解放思想、实事求是相提并论，一同称为"中国化马克思主义理论的精髓"。胡锦涛将党的思想路线视为"生命线"，在长期工作实践中形成了求真务实的品格，并结合新世纪之初的新形势对其进一步丰富发展，十七大报告强调"解放思想是发展中国特色社会主义的一大法宝"。伴随马克思主义中国化的不断创新和科学发展观的形成，以胡锦涛为总书记的党中央对思想路线也在丰富发展中。2004年1月，胡锦涛在中纪委会议上的讲话中强调，必须大力弘扬求真务实精神、大兴求真务实之风。他把求真务实提到了从未有过的政治高度，并作出了"四求四务"的科学概括。十八大报告明确提出，"解放思想、实事求是、与时俱进、求真务实是科学发展观最鲜明的精神实质"，这就形成了党的思想路线的"四段式"和"十六字特征"的全新概括。十九大报告继续强调，要"坚持解放思想、实事求是、与时俱进、求真务实"的思想路线，实际上是把它视为党的理论创新的必要条件之一。而十一届三中全

①习近平：《决胜全面建成小康社会 夺取新时代中国特色社会主义伟大胜利——在中国共产党第十九次全国代表大会上的报告》，人民出版社，2017，第41页。

②习近平：《决胜全面建成小康社会 夺取新时代中国特色社会主义伟大胜利——在中国共产党第十九次全国代表大会上的报告》，人民出版社，2017，第17页。

会后以邓小平为核心的党的第二代中央领导集体在恢复发展了党的思想路线的基础上，又在十三大上正式提出了社会主义初级阶段基本路线，被历代党中央领导集体毫不动摇地坚持并发展着，尤其是十九大更是重申并强调全党要"牢牢坚持党的基本路线这个党和国家的生命线、人民的幸福线"①。

（七）世界逻辑

中国特色社会主义的建设和发展、成功与辉煌，既得益于我们善于从世界各国的发展中汲取经验教训，又为全球的发展进步提供独特的中国方案。可以说，中国特色社会主义是我国立足于世界发展进步而造就的，同时中国特色社会主义的成功又立即实现了反哺，即造福全世界。

1. 世界多样化成就了中国特色发展道路

当今世界是一个开放的世界，马克思主义哲学告诉我们矛盾既有普遍性又有特殊性。这个世界不能只有一种文明、一种发展道路。社会主义具有普遍性，但是怎样建设社会主义就具有特殊性。

根据马克思主义关于人类社会一般发展规律的描述，封建社会之后应该进入资本主义社会。但是我国恰恰是在半殖民地半封建社会的情况下通过新民主主义革命和后来的社会主义改造直接确立了社会主义制度，并没有经历资本主义生产力高度发达的发展阶段。因此我们就存在着一个矛盾，一方面我们拥有了比资本主义更优越的生产关系——社会主义，另一方面我们又面临着生产力总体水平不高、不发达的尴尬局面。在这样特殊的国情条件下如何进行社会主义建设，中国共产党经过长期艰辛探索后，

---

①习近平：《决胜全面建成小康社会　夺取新时代中国特色社会主义伟大胜利——在中国共产党第十九次全国代表大会上的报告》，人民出版社，2017，第12页。

最终作出了我国处于社会主义初级阶段的科学判断。因此，中国进行社会主义建设必须不走寻常路，即必须建设中国特色的社会主义。"它符合当今世界发展道路多样性特征，其存在具有合理性。同时，当前世界呈全球化和开放性特征，任何一个国家要发展，闭关自守是绝没出路的。尤其是社会主义要赢得与资本主义的比较优势，就必须大胆吸收借鉴包括资本主义国家在内的所有国家的先进理念、生产方式和管理经验。中国特色社会主义不可能脱离世界而存在，相反必须吸收各种文明的优秀成果，主动实现与世界接轨。也正是在这种积极对接中，大胆地吸收借鉴一切文明成果，中国特色社会主义才得以更好更快地发展起来。"[1]

2. 中国特色发展道路也推动了世界发展进步

中国的发展离不开世界，世界的发展也离不开中国。中国特色社会主义的强势发展，为其他社会主义国家提供了成功范例，也为广大发展中国家提供了成功经验，更为世界上一切国家包括资本主义国家提供了有益借鉴。中国道路、中国经验、中国模式的广受推崇便是明证。这是中国对世界发展进步的独特贡献。

（八）主体逻辑

过去我们一直笼统地讲，党是领导核心，党领导一切，党的领导首先是政治领导。十九大首次明确指出，"中国特色社会主义最本质的特征是中国共产党领导，中国特色社会主义制度的最大优势是中国共产党领导，党是最高政治领导力量"[2]。九大首次把党是"中国社会主义事业的领导

---

[1] 张远新：《坚持和发展中国特色社会主义的多重逻辑》，《毛泽东邓小平理论研究》2013年第9期。

[2] 习近平：《决胜全面建成小康社会　夺取新时代中国特色社会主义伟大胜利——在中国共产党第十九次全国代表大会上的报告》，人民出版社，2017，第20页。

核心"写入党章，十二大新党章第一次在总纲中提出党是"中国社会主义事业的领导核心"，十五大提出"把党建设成坚强的领导核心"，十六大明确提出把保证党"始终是中国特色社会主义事业的领导核心"纳入党的建设的总体目标。中国共产党从1921年建党到1949年新中国成立前属于"争取成为"全国人民和革命事业领导核心的阶段，从1949年新中国成立到2002年十六大前属于"实际成为"全国人民和革命建设改革事业领导核心的阶段，从2002年十六大到十八大时属于"始终成为"中国特色社会主义事业领导核心的阶段。十八大以来，以习近平为核心的党中央高度重视党的建设尤其是顶层设计，进一步提出党要始终成为中国特色社会主义事业的坚强领导核心。十九大更是明确提出"三个确保和始终"，即确保党始终走在时代前列、确保党始终成为全国人民的主心骨、确保党始终成为坚强领导核心。

以中央政治局常委会为载体的成熟、稳定、有能力的中央领导集体，是中国共产党的顶层结构，也是中国共产党的最高代表。建党90多年来，共形成了五代（届）中央领导集体，分别是以毛泽东为核心的党的第一代中央领导集体、以邓小平为核心的党的第二代中央领导集体、以江泽民为核心的党的第三代中央领导集体、以胡锦涛为总书记的党中央和以习近平为核心的新一届中央领导集体。中国共产党历来高度重视培养接班人，从长远和大局出发，提早选拔、培养、锻炼年富力强的领导干部通过必要的台阶历练和综合考验进入中央领导层，作为接班人重点培养对象，真正成熟者考核合格后将进入中央高层，正式成为中央领导集体的重要成员。中央领导集体实行集体领导体制，并在领导成员的年龄结构上注重老中青结合，知识结构上注重文理结合，班子配备上注重新老合作，新老交替不断实现制度化、规范化、程序化。成熟、稳定、有能力的中央领导集体的形成及其制度化、规范化、程序化，确保了党自身的生生不息及其所领导事业的兴旺发达。

全面地准确地把握中国特色社会主义的发展逻辑具有重要意义。其理论价值在于，多维度的中国特色社会主义发展逻辑及其系统化研究，实际上就是在讲中国特色社会主义发展史。这是党史学界一个比较基础而又重大的理论课题，涉及中国特色社会主义的基本内涵、历史轨迹、综合成效、历史经验等一系列重要理论问题。这一课题的探讨，既能够进一步夯实党史研究的理论根基，又可以不断拓宽党史基础理论研究的新领域，并内在地实现党史与党建的无缝对接与相互融合。其实践价值在于，中国特色社会主义发展逻辑的理论揭示及其实践展开，其本质就是中国特色社会主义的接力过程，从叠加的意义上讲等同于党在新时期的全部历史。这种融理论与实践、历史与现实、国史国情与党史党建、马克思主义中国化与科学社会主义、党的执政能力建设与领袖群体政治智慧研究于一体的多维度的中国特色社会主义发展逻辑研究，能更大限度地发挥中共党史咨政育人的独特功效价值和中国特色社会主义的凝神聚力作用。

结　论
中国特色社会主义伟大旗帜
与中华民族伟大复兴中国梦

　　旗帜引领方向，无论革命还是建设，首先要明确的是举什么旗、走什么路的问题。今天我们之所以能够比历史上任何时期都更接近、更有信心和能力实现中华民族伟大复兴中国梦的目标，根本原因就是改革开放以来，无论世界风云如何变幻，无论国内形势如何复杂，我们都始终坚持高举中国特色社会主义伟大旗帜。伟大旗帜囊括了中国特色社会主义道路、理论体系、制度、文化，即伟大事业。伟大旗帜推进伟大事业，伟大事业实现伟大梦想，中国特色社会主义伟大旗帜与"四个伟大"紧密相连。

一、中国特色社会主义伟大旗帜的丰富内涵与重要作用

　　毛泽东曾经讲过："主义譬如一面旗子，旗子立起来了，大家才有所指望，才知所趋赴。"①那么究竟什么是旗帜？旗帜就是党的指导思想。在当代中国，我们必须高举中国特色社会主义旗帜，因为这面大旗凝聚着

---

　　①《毛泽东早期文稿》，湖南出版社，1990，第554页。

全国各族人民的共同理想，指引着当代中国走向未来的根本路径。

（一）中国特色社会主义伟大旗帜的丰富内涵

旗帜是一个政党的指导思想和行动指南，事关党的路线方针政策的制定，事关党的形象和威望，事关革命建设事业的兴衰成败。中国共产党成立伊始，就把马克思主义作为自己明确的指导思想和唯一的旗帜，此后随着马克思主义中国化成果和中国特色社会主义内涵的不断丰富，中国特色社会主义伟大旗帜的内涵也愈加丰富。

1. 三代中央领导集体与党的旗帜

在十六大之前，党的历代中央领导集体都把自己的指导思想视为旗帜，把单纯的理论旗帜视为旗帜的全部。随着中国共产党的成长成熟，七大将马列主义与中国实际相结合的集中成果即毛泽东思想正式提出，并将其与马列主义一同确立为中国共产党的指导思想。以邓小平为核心的党的第二代中央领导集体始终坚持马列主义，坚持并发展毛泽东思想，特别是在执政实践中坚持开拓创新、坚决贯彻邓小平建设有中国特色的社会主义理论，事实上是在坚持高举马列主义毛泽东思想邓小平理论的伟大旗帜。党的第三代中央领导集体高高地举起了邓小平理论伟大旗帜，并正式提出了"三个代表"重要思想，将"三个代表"重要思想也作为党的旗帜之一。

2. 以胡锦涛为总书记的党中央对旗帜问题的认识

从党的一大到十六大，旗帜指的就是指导思想，二者是一个意思。十七大报告首次把改革开放新时期党的理论创新成果集中概括为"中国特色社会主义理论体系"，并明确提出"高举中国特色社会主义伟大旗帜，最根本的就是坚持中国特色社会主义道路和中国特色社会主义理论体系"。十七大把旗帜问题明确为中国特色社会主义旗帜，指出它是当代中国发展进步和全党全国各族人民团结奋斗的旗帜，并把高举旗帜定位在坚持道路和理论体系上，使旗帜、道路、理论体系紧密地结合为一个整体，反映出旗帜的外延在扩大、内涵在丰富。这表明，党对旗帜问题的认识在进一步深化，从"思想理论"扩展为"道路"和"理论体系"的有机统一。

3. 以习近平为核心的党中央继续加深对旗帜的认识

十八大继续强调"高举中国特色社会主义伟大旗帜"，首次提出并全面阐释了中国特色社会主义的三大核心内涵即"中国特色社会主义道路、中国特色社会主义理论体系、中国特色社会主义制度"。这一变化表明，党对旗帜问题的认识又实现了更进一步的深化，从"道路"和"理论体系"扩展为"道路""理论体系""制度"的"三位一体"。习近平在十九大报告中阐述大会主题时强调"高举中国特色社会主义伟大旗帜"。同时，他提出"中国特色社会主义是改革开放以来党的全部理论和全部实践的主题"，包括特色道路、特色理论、特色制度、特色文化四大核心要素，这实际上是坚持并再次丰富发展了党的伟大旗帜。

中国特色社会主义之所以能够成为当代中国发展进步和全党全国各族人民团结奋斗的旗帜，主要原因在于：第一，中国特色社会主义坚持以共产主义为最高理想和价值追求，以工人阶级政党为领导核心，以人民群众为历史和社会主体，以解放和发展社会生产力为根本任务，以实现共同富裕为目标，以公有制和按劳分配为社会主义经济制度的基础，以人民当家作主为社会主义民主政治的本质，以马克思主义为意识形态领域的指导思想，不断促进人的全面发展，等等，这些都体现了科学社会主义的精髓和本质，与非科学社会主义的思潮和道路划清了界线。第二，它立足于中国处于社会主义初级阶段这个最大实际，直面中国的实际问题，符合中国国情和特点，具有鲜明的中国特色。例如，坚持以公有制为主体、多种所有制经济共同发展的基本经济制度，坚持以按劳分配为主体、多种分配方式并存的分配制度，建立和完善社会主义市场经济体制，坚持人民民主专政和人民代表大会制度，发展社会主义先进文化，构建社会主义和谐社会，等等。这表明中国特色社会主义与科学社会主义既一脉相承，又与时俱进，使社会主义在中国获得了蓬勃的生机与活力。第三，它代表了不同社会阶级、阶层、群体，包括作为领导阶级的工人阶级、农民阶级以及改革开放后出现的新社会阶层的利益，努力协调他们之间的关系，得到最广大人民的支持；它体现了在共产党的领导下，结成最广泛的爱国统一战线，实现了全国各阶层、各民族、各党派、各方面人士的大团结。第四，它顺应了时代发展的潮流，吸收了人类文明的优秀成果，实现了与世界文明的对接。第五，改革开放多年来，我国在政治、经济、文化、社会建设等领域取得了辉煌成就，从实践上充分证明了中国特色社会主义的正确性和优越性。第六，中国经验、中国道路得到国际社会的认同，也从一个侧面表明了中国特色社会主义的正确性。

（二）中国特色社会主义伟大旗帜的重要作用

中国特色社会主义伟大旗帜凝聚着我们的共同理想，是全党全国各族人民团结奋斗的旗帜。因此要始终高举旗帜，凝聚共识，统一思想，在中国特色社会主义道路上砥砺前进。

十一届三中全会以后，以邓小平为代表的中国共产党人，高举毛泽东思想的伟大旗帜，坚持解放思想、实事求是的思想路线，开辟了中国特色社会主义道路，形成了邓小平理论，在中国特色社会主义旗帜上写下浓重的一笔，引领中国走上社会主义现代化的民族复兴征程。

20世纪80年代末90年代初，苏联解体，东欧剧变，国际共产主义运动处于低潮，国内也出现政治风波。在这个重大历史关头，摆在全党全国人民面前的路有三条：一条是"老路"。在一些人看来，改革就是"变相地走资本主义道路"，坚持社会主义道路就要回到改革开放以前的老路上去。然而，历史已经证明，这条僵化封闭的"老路"并不能巩固和繁荣社会主义。一条是"邪路"。一些人借国内改革开放中出现的问题，妄图否定四项基本原则，鼓吹全盘西化。然而历史无数次证明，这条改旗易帜的邪路在中国根本行不通，苏联就是前车之鉴。还有一条是继续坚持走改革开放的道路。到底应该举什么旗，走什么路？在这个重大历史关头，我党坚定不移高举中国特色社会主义伟大旗帜，坚持走十一届三中全会以来开辟的道路不动摇，并进一步拓展，形成了"三个代表"重要思想，明确了社会主义市场经济的改革方向，解决了"建设一个什么样的党、怎样建设党"的问题，把中国特色社会主义伟大事业全面推向了新世纪。

进入21世纪以来，中国特色社会主义道路、制度、理论体系逐渐完善和成熟。但是，党内外还是存在一些杂音、噪音。有的否定改革开放，有的否定社会主义制度和党的领导，有的甚至打出"民主社会主义"的旗号。这一切问题的实质，依旧是我们应该举什么旗、走什么路的问题。在这个重大的历史关头，胡锦涛在十八大报告中指出：中国特色社会主义道路、中国特色社会主义理论体系、中国特色社会主义制度，是党和人民九十多年奋斗、创造、积累的根本成就，必须倍加珍惜，始终坚持，不断发展。

中国特色社会主义，是中国共产党和中国人民团结的旗帜、奋进的旗帜、胜利的旗帜，是当代中国发展进步的根本方向。十九大报告指出：

"中国特色社会主义是改革开放以来党的全部理论和实践的主题，是党和人民历尽千辛万苦、付出巨大代价取得的根本成就。中国特色社会主义道路是实现社会主义现代化、创造人民美好生活的必由之路，中国特色社会主义理论体系是指导党和人民实现中华民族伟大复兴的正确理论，中国特色社会主义制度是当代中国发展进步的根本制度保障，中国特色社会主义文化是激励全党全国各族人民奋勇前进的强大精神力量。全党要更加自觉地增强道路自信、理论自信、制度自信、文化自信，既不走封闭僵化的老路，也不走改旗易帜的邪路，保持政治定力，坚持实干兴邦，始终坚持和发展中国特色社会主义。"[1]

历史与现实、理论与实践都充分证明，只有社会主义才能救中国，也只有中国特色社会主义才能发展中国。中国特色社会主义旗帜是党和人民团结、奋进、胜利的旗帜，对此，我们要"倍加珍惜""始终坚持"和"不断发展"。

二、中华民族伟大复兴中国梦的基本内涵与实现途径

（一）中国梦的基本内涵

2012年11月29日，习近平总书记在参观《复兴之路》展览时指出："实现中华民族伟大复兴，就是中华民族近代以来最伟大的梦想。"[2]此

---

①习近平：《决胜全面建成小康社会　夺取新时代中国特色社会主义伟大胜利——在中国共产党第十九次全国代表大会上的报告》，人民出版社，2017，第16—17页。

②中共中央宣传部编《习近平总书记系列重要讲话读本》，人民出版社、学习出版社，2014，第25页。

后，习近平在很多重要场合对中国梦进行了深刻阐述。在他看来，中国梦的基本内涵就是实现国家富强、民族振兴、人民幸福。这也是中国共产党始终为之奋斗的三大主题。

1. 国家富强

中国人对"落后就要挨打"这句话的领悟比任何一个国家和民族的人民都要深刻得多。中国曾经是世界上一个强大而富庶的国家。据英国学者安格斯·麦迪森在《世界经济千年史》中估算，中国从公元1000年开始，国内生产总值一直占到世界的五分之一以上，宋朝的GDP总量曾经占据当时世界的三分之一，直到1870年中国仍然是世界第一大经济体。鸦片战争之前，世界的重心在亚洲，亚洲的重心在东亚，东亚的重心在中国。但是由于清政府的腐败无能，从1840年鸦片战争开始，中国逐步沦为半殖民地半封建社会，割地赔款、山河破碎、任人欺凌，国家灾难深重，人民处于水深火热之中。为了救国救民，无数的仁人志士登上了中国的政治舞台，但无论是农民阶级的"太平天国梦"，还是封建地主阶级的"洋务运动梦"，抑或是民族资产阶级的"戊戌变法梦""民主共和梦"都没有完成"民族独立、人民解放、国家富强"这三大历史任务。直到1921年中国共产党诞生后，我们党团结带领人民不懈奋斗，首先取得了新民主主义革命的胜利，"一九四九年建立了中华人民共和国，实现了中国从几千年封建专制政治向人民民主的伟大飞跃"[①]；接续取得了社会主义革命的胜利，"确立社会主义基本制度，推进社会主义建设，完成了中华民族有史以来最为广泛而深刻的社会变革，为当代中国一切发展进步奠定了根本政治前提和制度基础，实现了中华民族由近代不断衰落到根本扭转命运、持续走

---

①习近平：《决胜全面建成小康社会　夺取新时代中国特色社会主义伟大胜利——在中国共产党第十九次全国代表大会上的报告》，人民出版社，2017，第14页。

向繁荣富强的伟大飞跃"[①]；十一届三中全会后又进行了改革开放新的伟大革命，"破除阻碍国家和民族发展的一切思想和体制障碍，开辟了中国特色社会主义道路，使中国大踏步赶上时代"[②]。中国共产党历经近百年的努力奋斗，使中国特色社会主义进入新时代，"近代以来久经磨难的中华民族迎来了从站起来、富起来到强起来的伟大飞跃"[③]。

2. 民族振兴

有着5000多年文明历史的中华民族是世界民族之林中优秀的一员，为人类进步与发展作出了卓越贡献。16世纪以前，影响人类生活的重大科技发明约有300项，其中中国占175项。火药、指南针、印刷术、造纸，即四大发明，是古代中国人对世界的贡献，有力地推动了人类文明的进步。但是从1840年以后，在长达109年的时间里这个民族一直在苦难中挣扎。中国人民遭受着帝国主义、封建主义、官僚资本主义"三座大山"的压迫。因此，把全国各族人民紧紧凝聚在一起，共同努力奋斗，共同创造美好家园，争取民族独立、人民解放，实现民族复兴一直是近代以来中华民族最伟大的梦想。

3. 人民幸福

中国梦归根到底是人民的梦。国家的富强、民族的振兴，最终还是要体现在人民的权利得到保障、利益得到实现、幸福得到满足上。马克思、恩格斯对共产主义社会的描述就是"自由人联合体"，在那里"每个人的自由发展是一切人的自由发展的条件"。因此，个体梦想的实现正是国家

---

①习近平：《决胜全面建成小康社会　夺取新时代中国特色社会主义伟大胜利——在中国共产党第十九次全国代表大会上的报告》，人民出版社，2017，第14页。

②习近平：《决胜全面建成小康社会　夺取新时代中国特色社会主义伟大胜利——在中国共产党第十九次全国代表大会上的报告》，人民出版社，2017，第14页。

③习近平：《决胜全面建成小康社会　夺取新时代中国特色社会主义伟大胜利——在中国共产党第十九次全国代表大会上的报告》，人民出版社，2017，第10页。

梦想和民族梦想实现的重要前提和必要条件。每个人都有追逐梦想的权力，也都是梦想的筑造者。中国梦，最终是由一个个鲜活生动的个体梦想汇聚而成的。更好的教育、更稳定的工作、更满意的收入、更可靠的社会保障、更高水平的医疗卫生服务、更舒适的居住条件、更优美的环境……一句话，不断满足人民日益增长的美好生活需要就是中国梦的重要内涵之一。

（二）中国梦的实现途径

习近平指出："实现中国梦必须走中国道路、弘扬中国精神、凝聚中国力量。"①要实现中国梦就要求我们党团结带领全国各族人民继续把中国特色社会主义事业推向前进，为实现中华民族伟大复兴的中国梦而努力奋斗。

1. 实现中国梦必须走中国道路

首先，这是由我们当前的具体国情决定的。马克思主义唯物史观告诉我们，社会存在决定社会意识。我们之所以要坚持走中国特色社会主义道路，总依据是我们还处在社会主义初级阶段上。在党的十九大报告中，习近平总书记指出："必须认识到，我国社会主要矛盾的变化，没有改变我们对我国社会主义所处历史阶段的判断，我国仍处于并将长期处于社会主义初级阶段的基本国情没有变，我国是世界最大发展中国家的国际地位没有变。"②这两个"没有变"决定我们必须坚定不移地沿着中国特色社会主义道路走下去。只有坚持中国特色社会主义道路，才能最终完成实现社

①习近平：《在文艺工作座谈会上的讲话》，人民出版社，2015，第22页。
②习近平：《决胜全面建成小康社会 夺取新时代中国特色社会主义伟大胜利——在中国共产党第十九次全国代表大会上的报告》，人民出版社，2017，第12页。

会主义现代化和中华民族复兴的总任务。

其次，这条道路是几代共产党人带领全国各族人民艰辛探索、不断丰富的结果，所以我们要倍加珍惜、始终坚持、不断发展。以毛泽东为核心的第一代中国共产党人，把马克思主义同中国革命的具体实际相结合，诞生了毛泽东思想，取得了新民主主义革命和社会主义革命的胜利，为当代中国一切发展进步奠定了根本政治前提和制度基础；以邓小平为核心的党的第二代中央领导集体，面对"什么是社会主义、怎样建设社会主义"的时代课题，在马克思主义、毛泽东思想的指引下，解放思想，实事求是，提出"走自己的路，建设有中国特色的社会主义"，形成了邓小平理论，开辟了中国特色社会主义道路；以江泽民为核心的党的第三代中央领导集体，坚持解放思想、实事求是、与时俱进，面对世界共产主义运动处于低潮、国内出现政治风波的复杂局面，高举邓小平理论伟大旗帜，提出"三个代表"重要思想，把发展作为党执政兴国的第一要务，成功地把中国特色社会主义全面推向21世纪；进入新世纪之后，以胡锦涛为总书记的党中央面对新形势新任务新挑战，提出科学发展观，坚持以人为本、全面协调可持续发展，统筹兼顾，积极构建和谐社会，进一步发展了中国特色社会主义；党的十八大之后，以习近平为核心的党中央，"坚持稳中求进工作总基调，迎难而上，开拓进取，取得了改革开放和社会主义现代化建设的历史性成就"[①]。经过五年极不平凡的发展，中国特色社会主义进入了新时代。

再次，这条道路是被实践证明最有利于中国实现社会主义现代化和中华民族复兴的康庄大道。正如习近平总书记在党的十九大报告中所讲的，

---

①习近平：《决胜全面建成小康社会　夺取新时代中国特色社会主义伟大胜利——在中国共产党第十九次全国代表大会上的报告》，人民出版社，2017，第2页。

"改革开放之初，我们党发出了走自己的路、建设中国特色社会主义的伟大号召。从那时以来，我们党团结带领全国各族人民不懈奋斗，推动我国经济实力、科技实力、国防实力、综合国力进入世界前列，推动我国国际地位实现前所未有的提升，党的面貌、国家的面貌、人民的面貌、军队的面貌、中华民族的面貌发生了前所未有的变化，中华民族正以崭新姿态屹立于世界的东方"①。

2. 实现中国梦必须弘扬中国精神

伟大的梦想需要伟大的精神作支撑。中国精神是实现中国梦的精神支柱，是推动社会主义现代化建设的强大精神力量。习近平总书记指出："实现中国梦必须弘扬中国精神。这就是以爱国主义为核心的民族精神，以改革创新为核心的时代精神。这种精神是凝心聚力的兴国之魂、强国之魂。"②文化是民族的血脉，是人民的精神家园。当今世界各种思想文化相互激荡，文化软实力已经成为综合国力竞争的重要内容，也成为一个国家、一个民族是否兴旺发达的重要标志。中华民族的伟大复兴绝不仅仅是GDP的增长，更重要、更带有决定意义的是文化的复兴。而文化的内核是核心价值观，是基于核心价值观所形成的民族精神。近代中国的衰落，与封建主义、帝国主义对中国人民的精神奴役、精神禁锢和精神压抑直接相关。中华民族的伟大复兴必然伴随着中华民族精神上的大解放、大振奋、大焕发。只有大力弘扬中国精神，才能更好地构建和培育社会主义的核心价值观，才能推进中国特色社会主义文化的大发展大繁荣，才能从根本上改变漫长的封建社会，以及近代以来帝国主义侵略所造成的某些愚昧落

①习近平：《决胜全面建成小康社会　夺取新时代中国特色社会主义伟大胜利——在中国共产党第十九次全国代表大会上的报告》，人民出版社，2017，第10页。

②中共中央文献研究室编《十八大以来重要文献选编》，中央文献出版社，2014，第235页。

后、保守封闭的精神状态，才能使中华民族更加矫健、更加自信、更加昂扬地屹立于世界民族之林。

3. 实现中国梦必须凝聚中国力量

凝聚中国力量，就是在中国共产党的领导下，充分调动广大党员和人民群众的积极性、主动性和创造性，最大限度团结一切可以团结的力量。就是全国各族人民心往一处想，劲往一处使，万众一心，众志成城，托举起伟大的中国梦。

（1）实现中国梦必须全面坚持和加强党的领导

中国共产党是领导中国人民实现中华民族伟大复兴中国梦的核心力量。"历史已经并将继续证明，没有中国共产党的领导，民族复兴必然是空想。"①以毛泽东为代表的中国共产党人，充分发挥党的政治优势和组织优势，将一盘散沙的中国高度凝聚起来，带领中国人民实现了民族独立和人民解放。改革开放以来，中国共产党作为领导中国特色社会主义事业的核心力量，为实现"国家繁荣富强、人民共同富裕"这一历史任务作出了巨大努力，带领人民取得了举世瞩目的伟大成就。现阶段改革已进入攻坚期，利益格局多样化、社会意识多样化和人民利益诉求多样化交织叠加，面临的矛盾和问题比以往更加复杂。这些都迫切需要党从全国人民的整体利益、长远利益和根本利益出发，制定出符合科学发展规律的路线、方针、政策，努力实现人民利益的最大化。

（2）实现中国梦必须紧紧依靠人民群众

人民群众是历史的创造者，也是推动社会进步和发展的决定力量。中国梦归根到底是人民的梦，必须紧紧依靠人民来实现。

---

①习近平：《决胜全面建成小康社会　夺取新时代中国特色社会主义伟大胜利——在中国共产党第十九次全国代表大会上的报告》，人民出版社，2017，第16页。

首先，要坚持人民主体地位，发挥人民群众的主人翁精神，保证人民当家作主。实现中华民族伟大复兴是亿万人民自己的事业。要扩大人民民主，拓宽人民民主参与的渠道。坚持依法治国，最广泛地动员和组织人民依法管理国家事务和社会事务，管理经济和文化事业，积极投身社会主义现代化建设，更好地保障人民权益。依法保障全体公民享有广泛的权利，保障公民的人身权、财产权、基本政治权利等各项权利不受侵犯，保证公民的经济、文化、社会等各方面权利得到落实，努力维护最广大人民根本利益，保障人民群众对美好生活的向往和追求。

其次，要尊重人民群众的首创精神，发挥人民群众的创造活力。人民群众中蕴藏着无穷的智慧和创造力，要不断从中吸取营养和力量。要全面贯彻尊重劳动、尊重知识、尊重人才、尊重创造的方针，激发人民群众的创造活力。现阶段，中国人民除了工人、农民、知识分子等阶级阶层以外，还包括其他新的社会阶层人士。所谓凝聚中国人民的力量，就是凝聚上述各阶级阶层的共同力量。要营造鼓励人们干事业、支持人们干成事业的社会氛围，让一切劳动、知识、技术、管理和资本的活力竞相迸发，让一切创造社会财富的源泉充分涌流，以造福于人民。

最后，要巩固和发展最广泛的爱国统一战线，最大限度地团结一切可以团结的力量。统一战线是实现中华民族伟大复兴的重要法宝，其根本任务就是争取人心、凝聚力量。现阶段爱国统一战线是全体社会主义劳动者、社会主义事业的建设者、拥护社会主义的爱国者和拥护祖国统一的爱国者的最广泛的联盟。它涵盖了不同阶层、不同群体、不同民族、不同信仰、不同所有制的人士，共同组成了中国力量。当前，要充分发挥统一战线在团结和凝聚各方力量，促进政党关系、民族关系、宗教关系、阶层关系、海内外同胞关系等一切能促进和谐中国的独特优势。加强中国共产党同民主党派和无党派人士团结合作，巩固和发展平等团结互助和谐的社会主义民族关系，发挥宗教界人士和信教群众在促进经济社会发展中的积极作用，最大限度地团结港澳台同胞和海外侨胞共同为实现中华民族伟大复兴中国梦而努力奋斗。

　　总之，中国梦是近代以来中华民族最伟大的梦想，我们要高举中国特色社会主义伟大旗帜，坚定道路自信，既不走封闭僵化的老路，也不走改旗易帜的邪路，坚定不移沿着中国特色社会主义道路前进；要坚定理论自信，既不忘老祖宗，又要讲新话，不断用马克思主义中国化最新成果武装头脑；要坚定制度自信，既不照抄照搬，又不故步自封，更好地发挥中国特色社会主义制度的优越性；要坚定文化自信，在传承中华优秀传统文化的基础上发展社会主义先进文化，加快建设社会主义文化强国。

参考文献

［1］马克思恩格斯文集：第1—10卷［M］．北京：人民出版社，2009．

［2］马克思恩格斯选集：第1—4卷［M］．北京：人民出版社，1995．

［3］马克思恩格斯全集：第19卷［M］．北京：人民出版社，1963．

［4］马克思恩格斯全集：第22卷［M］．北京：人民出版社，1965．

［5］马克思恩格斯全集：第37卷［M］．北京：人民出版社，1971．

［6］列宁专题文集：第1—5卷［M］．北京：人民出版社，2009．

［7］列宁全集：第34卷［M］．北京：人民出版社，1985．

［8］列宁选集：第1—4卷［M］．北京：人民出版社，1995．

［9］斯大林选集：上卷，下卷［M］．北京：人民出版社，1979．

［10］毛泽东选集：第1—4卷［M］．北京：人民出版社，1991．

［11］毛泽东文集：第1，5，7，8卷［M］．北京：人民出版社，1993，1996，1999，1999．

［12］毛泽东传：第四册［M］．北京：中央文献出版社，2011．

［13］毛泽东早期文稿［M］．长沙：湖南出版社，1990．

［14］建国以来毛泽东文稿：第一册［M］．北京：中央文献出版社，1992．

［15］建国以来毛泽东文稿：第十册［M］．北京：中央文献出版

社，1996.

［16］邓小平文选：第1—3卷［M］．北京：人民出版社，1993-1994.

［17］邓小平年谱（1975—1997）：上卷，下卷［M］．北京：中央文献出版社，2004.

［18］邓小平思想年编（1975—1997）［M］．北京：中央文献出版社，2011.

［19］江泽民文选：第1—3卷［M］．北京：人民出版社，2006.

［20］江泽民论有中国特色社会主义（专题摘编）［M］．北京：中央文献出版社，2002.

［21］胡锦涛文选：第1—3卷［M］．北京：人民出版社，2016.

［22］胡锦涛总书记在庆祝中国共产党成立90周年大会上的讲话学习读本［M］．北京：人民出版社，2011.

［23］习近平总书记重要讲话文章选编［M］．北京：中央文献出版社，2016.

［24］习近平总书记系列重要讲话读本［M］．北京：学习出版社，2016.

［25］习近平关于全面从严治党论述摘编［M］．北京：中央文献出版社，2016.

［26］习近平关于社会主义经济建设论述摘编［M］．北京：中央文献出版社，2017.

［27］习近平新时代中国特色社会主义思想三十讲［M］．北京：学习出版社，2018.

［28］十二大以来重要文献选编：下［M］．北京：人民出版社，

1988.

〔29〕十三大以来重要文献选编：上〔M〕．北京：人民出版社，
1991.

〔30〕十五大以来重要文献选编：上〔M〕．北京：中央文献出版
社，2000.

〔31〕十六大以来重要文献选编：上〔M〕．北京：人民出版社，
2005.

〔32〕十六大以来重要文献选编：中〔M〕．北京：人民出版社，
2006.

〔33〕十六大以来重要文献选编：下〔M〕．北京：人民出版社，
2008.

〔34〕十七大以来重要文献选编：上〔M〕．北京：中央文献出版
社，2009.

〔35〕十七大以来重要文献选编：下〔M〕．北京：中央文献出版
社，2013.

〔36〕十八大以来重要文献选编：上〔M〕．北京：中央文献出版
社，2014.

〔37〕十八大报告辅导读本〔M〕．北京：人民出版社，2012.

〔38〕党的十九大报告辅导读本〔M〕．北京：人民出版社，2017.

〔39〕三中全会以来重要文献选编：上〔M〕．北京：人民出版社，
1982.

〔40〕十一届三中全会以来重要文献选读：上册〔M〕．北京：人民
出版社，1987.

〔41〕改革开放三十年重要文献选编：上，下〔M〕．北京：中央文

献出版社，2008.

［42］中国共产党第十七次全国代表大会文件汇编［M］．北京：人民出版社，2007.

［43］中国共产党第十八次全国代表大会文件汇编［M］．北京：人民出版社，2012.

［44］中国共产党历史：第1—2卷［M］．北京：中共党史出版社，2012.

［45］中国共产党的九十年［M］．北京：中共党史出版社，党建读物出版社，2016.

［46］科学发展观丛书编委会．中国特色社会主义文化建设［M］．北京：党建读物出版社，2012.

［47］科学发展观重要论述摘编［M］．北京：中央文献出版社、党建读物出版社，2008.

［48］执政中国：第1卷［M］．北京：中共党史出版社，2011.

［49］江泽民．在庆祝中国共产党成立八十周年大会上的讲话［M］．北京：人民出版社，2001.

［50］江泽民．论党的建设［M］．北京：中央文献出版社，2001.

［51］江泽民．全面建设小康社会　开创中国特色社会主义事业新局面［M］．北京：人民出版社，2002.

［52］江泽民．论社会主义市场经济［M］．北京：中央文献出版社，2006.

［53］胡锦涛．高举中国特色社会主义伟大旗帜　为夺取全面建设小康社会新胜利而奋斗［M］．北京：人民出版社，2007.

［54］胡锦涛．在庆祝中国共产党成立90周年大会上的讲话［M］．

北京：人民出版社，2011.

［55］胡锦涛．坚定不移沿着中国特色社会主义道路前进 为全面建成小康社会而奋斗［M］．北京：人民出版社，2012.

［56］习近平．习近平谈治国理政［M］．北京：外文出版社，2014.

［57］习近平．习近平谈治国理政：第2卷［M］．北京：外文出版社，2017.

［58］习近平．关于协调推进"四个全面"战略布局论述摘编［M］．北京：中央文献出版社，2015.

［59］习近平．在文艺工作座谈会上的讲话［M］．北京：人民出版社，2015.

［60］习近平．在哲学社会科学工作座谈会上的讲话［M］．北京：人民出版社，2016.

［61］习近平．在庆祝中国共产党成立95周年大会上的讲话［M］．北京：人民出版社，2016.

［62］习近平．决胜全面建成小康社会 夺取新时代中国特色社会主义伟大胜利［M］．北京：人民出版社，2017.

［63］习近平．在纪念孔子诞辰2565周年国际学术研讨会暨国际儒学联合会第五届会员大会开幕会上的讲话［N］．人民日报，2014-9-25.

［64］陈先奎．为邓小平辩护［M］．北京：西苑出版社，1999.

［65］傅治平．观念的聚变——新世纪新阶段党的理论与实践创新［M］．北京：人民出版社，2007.

［66］高瞻．走向大国之路［M］．天津：天津古籍出版社，2005.

［67］耿超．中国特色社会主义文化自信论［M］．桂林：广西师范大学出版社，2016.

［68］谷棣，等．我们误判了中国——西方政要智囊重构对华认知［M］．北京：华文出版社，2015．

［69］韩庆祥，等．马克思主义开辟的道路——人的全面发展研究［M］．北京：人民出版社，2005．

［70］何继龄．马克思主义中国化问题研究［M］．北京：中国社会科学出版社，2006．

［71］胡鞍钢．中国道路与中国梦想［M］．浙江：浙江人民出版社，2013．

［72］胡鞍钢．中国如何追赶美国［M］．京都：日本PHP研究所，2011．

［73］金冲及．刘少奇传：下［M］．北京：中央文献出版社，2008．

［74］孔德生，等，中国特色社会主义［M］．长春：吉林出版集团股份有限公司，2014．

［75］孔德生，等．中国现代化历程［M］．长春：吉林出版集团股份有限公司，2014．

［76］罗文东．中国特色社会主义理论体系新论［M］．北京：人民出版社，2008．

［77］马福运，等．制度自信：风景为何这边独好［M］．北京：北京联合出版公司，2014．

［78］玛雅．道路自信：中国为什么能［M］．北京：北京联合出版公司，2013．

［79］秦刚．中国特色社会主义理论体系［M］．北京：中共中央党校出版社，2008．

［80］宋春华．抗战时期国共两党民族主义思想研究［M］．北京：

人民出版社，2017.

［81］孙成武．中国特色社会主义文化建设研究［M］．长春：吉林文史出版社，2013.

［82］汤应武．改革开放30年重大决策纪实：上，下［M］．北京：中共中央党校出版社，2008.

［83］田克勤，等．中国特色社会主义理论体系新论［M］．北京：人民出版社，2016.

［84］王海军．改革开放以来中国共产党理论创新基本经验研究［M］．北京：中共党史出版社，2011.

［85］吴智棠，等．从邓小平到江泽民的中国［M］．北京：中国青年出版社，1998.

［86］肖贵清．中国特色社会主义制度基本问题研究［M］．北京：人民出版社，2013.

［87］晓亮．所有制理论与所有制改革［M］．上海：上海财经大学出版社，2002.

［88］薛庆超．历史转折关头的邓小平［M］．郑州：中原农民出版社，1996.

［89］张远新．中国特色社会主义道路的多维透视［M］．上海：上海社会科学院出版社，2012.

［90］章传家．民族复兴之路的回望与思考［M］．北京：人民出版社，2009.

［91］郑德荣．二十世纪中国三次历史性巨变研究［M］．长春：东北师范大学出版社，2006.

［92］郑德荣．国情·道路·现代化［M］．长春：吉林文史出版

社，2001.

［93］郑德荣.中国特色社会主义道路基本问题研究［M］.北京：人民出版社，2012.

［94］周敬青.党的制度创新与执行成效研究［M］.北京：人民出版社，2014.

［95］陈文通.论中国特色社会主义的特殊性［J］.科学社会主义，2009（1）.

［96］程恩富.和谐社会需要"四主型经济制度"［J］.长江论坛，2007（1）.

［97］邸乘光.论习近平新时代中国特色社会主义思想［J］.新疆师范大学学报（哲学社会科学版），2018（2）.

［98］丁元竹.当代中国社会体制的改革与创新［J］.开放导报，2012（3）.

［99］高放.社会主义模式的反思与展望［J］.理论视野，2009（7）.

［100］高继文，周莹.深刻理解科学发展观的理论地位［J］.中共中央党校学报，2013（1）.

［101］黄卫平，陈文.中国政治体制改革现状及其成因浅析［J］.社会科学研究，2008（2）.

［102］李友梅.关于社会体制基本问题的若干思考［J］.探索与争鸣，2008（8）.

［103］林玲，郭芹，陈晓莉.邓小平改革开放理论的历史回顾及其重要意义［J］.党史文苑（学术版），2014（12）.

［104］刘焕申.中国特色社会主义理论体系：中华民族伟大复兴的根本指针——纪念新中国成立60周年［J］.聊城大学学报（社会科学

版），2009（5）．

［105］牛先锋．中国特色社会主义理论体系的理论依据［J］．科学社会主义，2008（2）．

［106］齐卫平．习近平新时代中国特色社会主义思想［J］．理论与改革，2018（9）．

［107］孙成武．中国特色社会主义理论体系形成的条件和背景探析［J］．东北师大学报（哲学社会科学版），2008（6）．

［108］孙立平．后发外生型现代化研究论纲［J］．社会科学研究，1990（6）．

［109］王勇桂．科学发展观理论体系研究［J］．马克思主义研究，2006（12）．

［110］谢武军．文化体制改革的历程和面临的问题［J］．理论视野，2009（11）．

［111］徐崇温．中国特色社会主义道路的世界意义［J］．中国特色社会主义研究，2009（4）．

［112］张远新．坚持和发展中国特色社会主义的多重逻辑［J］．毛泽东邓小平理论研究，2013（9）．